Herwig Milde:

Tanzbeschreibungen zu

33 bulgarische Tanzlieder

33 bulgarische Tanzlieder

Tanzbeschreibungen
von Herwig Milde

Umschlaggestaltung: Herwig Milde,
mit einem Foto des Autors (Etâr 1989)

Bibliografische Information der Deutschen Nationalbibliothek:
Die Deutsche Nationalbibliothek verzeichnet diese Publikation in der
Deutschen Nationalbibliografie; detaillierte bibliografische Daten sind
im Internet über dnb.dnb.de abrufbar.

Herstellung und Verlag:
BoD – Books on Demand, Norderstedt

ISBN 978-3-75285-030-7

Inhalt

Vorwort

Wozu ... ? - Jedenfalls nicht als Selbstlern-Anleitung

Die vorliegenden Tanzbeschreibungen sind lediglich als Gedächtnisstütze gedacht und sollen auf keinen Fall dazu dienen, die Tänze ohne vorherige sachkundige Anleitung autodidaktisch zu lernen; dies wird besonders dort klar, wo es um komplizierte Arm- und Körperbewegungen u.ä. geht. Aber bereits bei der Art und Weise der Ausführung eines einfachen Schrittes - beim „Stil"! - bei seiner besonderen Akzentuierung, bei der spezifischen Führung des freien Beins usw. gibt es so viele Varianten, daß es vermessen wäre, sich ohne Anschauung allein auf diese Notizen verlassen zu wollen.

Es würde auch den Zweck dieser Beschreibungen als Wiederholungshilfe übersteigen, all diese Details darin auszuführen - ihre Lesbarkeit würde erheblich vermindert. Aus demselben Grunde gebrauche ich hier auch eine Reihe von Abkürzungen und Symbolen, die allgemein verständlich sind und schneller erfaßt werden können als Klartext. Dem gleichen Ziel dienen Namen für Figuren und Schrittkombinationen (z.T. bulgarisch, wenn es sich um Standardfiguren handelt, wie z.B. „sovalka" oder „chlopka"): sie sollen kurz und bündig sagen, was gemeint ist und der Erinnerung buchstäblich „auf die Sprünge" helfen.

Abkürzungen

R	Schritt mit dem rechten Fuß; entsprechend
L	= mit dem linken Fuß
L_x	Schritt mit dem linken Fuß hinter dem rechten Fuß gekreuzt; entsprechend R_x, sowie
L^x, R^x	vorne gekreuzt
B	beide Füße tragen gleichzeitig das Gewicht
r	Bewegung mit dem R-Fuß ohne Gewicht (dito „l")
St	Stampf
★	Schlag mit dem flachen Fuß auf den Boden
w	nachfedern („wippen") auf dem Standbein: auf dem Vorfuß stehend kurz die Ferse senken und sofort vom Boden lösen
h	hüpfen auf dem Standbein (der Fuß verliert kurz den Bodenkontakt - im Gegensatz zum Wippen, bei dem der Fuß den Bodenkontakt nicht verliert)
fg	fegen: der freie Fuß schleift vorwärts oder rückwärts schwingend über den Boden
kl	Chlopka: der freie Fuß schlägt von der Seite gegen den Standfuß („klapp!")
Spr	Sprung
tip	Berührung des Bodens mit der Fußspitze
F	Berührung des Bodens mit der Ferse
Pl	am Platz
-	kein weiterer Schritt auf dieser Zählzeit (Pause)
,	zwei Bewegungen nacheinander auf dieselbe Zählzeit, z.B. „R, w" oder „R, L"
!	Akzent: die Bewegung (der Schritt) wird betont, energisch, kraftvoll ausgeführt.
/	gleichzeitige Bewegung von Standbein und freiem Bein, z.B.
w / r^x	nachfedern auf dem Standbein und gleichzeitig den freien rechten Fuß in der Luft vor dem linken Fuß kreuzen

Im beschreibenden Text bedeuten:

T. Takt

Z. Zählzeit oder „Schlag" (ein 4/4-Takt hat die Zählzeiten 1 - 2 - 3 - 4)

V-Fassung Hände gefaßt, Arme hängen herab

W-Fassung Hände gefaßt und in Schulterhöhe gehalten

Plié mehr oder weniger starke Beugung des Standbeins im Knie

Symbole

Für die Bewegungsrichtung und die Ausrichtung des Körpers stehen in Anlehnung an die sog. „Roma-notation" Richtungspfeile und graphische Symbole. Die Gesamtzahl der möglichen Richtungen wird grob durch acht Richtungen - entsprechend der Windrose - angedeutet. Der Pfeil gibt die Richtung der Bewegung an; ein kleiner Strich am Hinterende steht für die Ausrichtung des Körpers. „Oben" ist immer die Kreismitte gedacht.

So bedeuten z.B.

↪ Körperstellung halbrechts, Bewegung nach rechts

↩ Körperstellung zur Mitte, Bewegung seitlich nach links

↖ Körperstellung diagonal nach links, Bewegung diagonal nach links

↕ Körperstellung zur Mitte, Bewegung rückwärts nach außen.

Drehungen bzw. Wechsel in der Körperstellung werden mit einem Kreissymbol angedeutet:

◌ Wechsel der Körperstellung von „diagonal nach links" zu „zur Mitte"

◌ halbe Drehung linksherum (vorher Front zur Mitte, danach Rücken zur Mitte)

Ein quadratisches Symbol gibt Stellungen ohne Bewegung im Raum an, z.B. bei Schritten am Platz:

□ Körperstellung zur Mitte

◇ Körperstellung diagonal nach links

↑ ↓ ↖ ↗ Kleine Pfeile deuten die Richtung einer Fußbewegung an, ohne daß eine Raumbewegung des Körpers erfolgt.

Die Zeichen für Körperstellung und Raumbewegung gelten jeweils so lange, bis ein anderes Zeichen folgt.

Rhythmus

Die Zählung „1 - 2 - 3 - 4" ist rhythmisch nicht eindeutig. Es könnte sich dabei um einen 2/4- oder 4/4Takt, oder um einen 9/8-Takt mit der Struktur kurz – kurz – kurz – lang (Dajčovo) oder lang – lang – kurz – lang (Eleno Mome) oder kurz – lang – kurz – kurz (Grânčarsko) handeln. Dabei gelten „kurz" und „lang" immer nur relativ zueinander („lang" ist länger als „kurz").

Rythmus und Zählung werden im Kopf der Tanzbeschreibung dagestellt, z.B.:

Rhythmus: 7/8 = ♩ ♩ ♪ ♩

Wert:	2	2	1	2
Zählung:	1	2	*3*	4

Die Notensymbole und die Zahlenwerte in der Zeile „Wert" geben dabei die Länge (kurz oder lang) der jeweiligen Zählzeit an. In diesem Beispiel haben die Zählzeiten 1, 2 und 4 den Wert von zwei Achteln (= ein Viertel), die Zählzeit 3 dagegen nur ein Achtel. Um dies in der Tanzbeschreibung deutlich zu machen, ist die 3 kursiv dargestellt. Gezählt wird also 1-2-*3*-4.

Entsprechend ist im Rhythmus „kurz - kurz - lang" die Zählzeit 3 länger (drei Achtel) als 1 und 2 (jeweils zwei Achtel). Sie steht in der Tanzbeschreibung fett: **3**. Die Răčenica hat z.B. die Werte 2-2-3 (kurz-kurz-lang), gezählt wird 1-2-**3**. Četvorno mit dem Rhythmus 3-2-2 (lang-kurz-kurz) wird demnach **1**-2-3 gezählt.

Aussprache

Bei der Wiedergabe der bulgarischen Namen und Wörter in lateinischen Buchstaben („Transliteration")
richten wir uns nach ISO/R 9:1968, einem internationalen Standard für die wissenschaftliche Transliteration von kyrillischen Buchstaben in lateinische mit Hilfe diakritischer Zeichen (z.B. „č").

Aussprache der im Deutschen nicht üblichen diakritischen Zeichen:

č	tsch:	tschechisch, Bratsche	Ču se proču Nedelja
ž	stimmhaftes sch:	Journal, Etage	Na särce mi leži, Džangurica
š	stimmloses sch:	Schaf, wischen	Mališevsko
c	z (ts):	Zeiger, ganz	särce, Cone
z	stimmhaftes s:	Pause, Sonne	izvilo, zmeja
h	ch:	Loch bzw. wichtig	rekoh oder hranih[1]
		im Anlaut schwächer, zwischen „ch" und „h": hubava, horo	
ä[2]	dumpfes e:	im Dt. nur im Auslaut Pause, Schuhe	särce

Alle anderen Buchstaben werden ungefähr wie im Deutschen ausgesprochen, das „o" ist jedoch immer
kurz und offen wie in „Sonne" (nicht wie in „Sohn"), z.B. *„horo"*, ebenso das „e": *petrovden* [pätrovdän].

Urheberrechte

Die Urheberrechte dieser Tanzbeschreibungen liegen ausschließlich bei Herwig Milde. Davon unberührt
bleiben Rechte an den Tänzen selbst, sofern Autorenrechte der Choreographen greifen.

---

[1] Genauer: die Artikulationsstellen der bg. *„ih"* und *„oh"* liegen zwischen denen der dt. „ich" und „och".

[2] Wir schreiben abweichend vom in Folkloretänzerkreisen weit verbreiteten Gebrauch „ä", und nicht „â". Die Nut-
zung des â statt ä ist in den frühen PC-(und Schreibmaschinen-)Zeiten mangels typographischer Möglichkeiten
entstanden. Es war die einzige Variante, die die Tastaturen damals zuließen. Der Buchstabe „ä" dagegen ist für
die Transliteration nach ISO vorgegeben.

BALIŠKA TROPANKA

Name:	„Tropanka[1] aus Balik" (kl. Dorf zwischen Dobrič und Silistra)
Herkunft:	Dobrudža, NO-Bulgarien
Stil:	dicht am Boden, mit flachem Fuß und leicht gebeugten Knien
Form:	gemischter offener Kreis, Kreuzfassung vorn
Rhythmus:	2/4
Quelle:	Belčo STANEV 2010
Tanzbeschreibung:	Herwig MILDE

Takt	Schlag	Richtung	Schritt	Beschreibung
				1. Figur (Gesang)
1	1	↪→	R	Schritt mit R vorwärts nach re
	+		l St	Stampf mit L neben R
	2		L	Schritt mit L vorwärts nach re
	+		r St	Stampf mit R neben L
2	1	↻	R	Schritt mit R nach re und zur Mitte wenden
	+	↺	L ran	Schritt mit L neben R und wieder nach re wenden
	2	↪→	R	die letzten 6 Schläge 2x wiederholen …
	+		l St	…
3	1		L	…
	+		r St	…
	2	↻	R	…
	+	↺	L ran	…
4	1	↪→	R	…
	+		l St	…
	2		L	…
	+		r St	…
5	1	↻	R	…
	+		L ran	… (nicht nach re wenden!)
	2		r St	Stampf mit R neben L
	+		-	Pause
6	1	↑	R	Schritt mit R vorwärts zur Mitte
	+		l St	Stampf mit L neben R
	2		L	Schritt mit L vorwärts zur Mitte
	+		r St	Stampf mit R neben L
7	1		R	2 schnelle Schritte R angehüpft beginnend vorwärts …
	+		L	…
	2	⧈	r St	Stampf mit R neben L
	+		-	Pause
8	1		r St	Stampf mit R neben L
	+		-	Pause

---

[1] Tanztyp aus der Dobrudža, gekennzeichnet durch ausgeprägte Bodenverbundenheit und häufige Stampfschritte (тропвам/tropvam: stampfen)

Takt	Schlag	Richtung	Schritt	Beschreibung
	2	↕	R	6 Laufschritte R beginnend rückwärts (R angehüpft) ...
	+		L	...
9	1		R	...
	+		L	...
	2		R	...
	+		L	...
10	1	⬚	r St	2x Stampf mit R neben L (wie T. 7 u. 8)
	+		-	...
	2		r St	...
	+		-	...
11-15		↕↕		T. 6 - 10 wiederholen

2. Figur (instrumentales Zwischenspiel)

Takt	Schlag	Richtung	Schritt	Beschreibung
1	1	↔	R	Schritt mit R vorwärts nach re
	+		w	federn und L Fuß seitlich etwas anheben
	2	↻	L	Schritt mit L vorwärts nach re und etwas zur Mitte drehen
	+		r St	Stampf mit R neben L, zur Mitte gerichtet, dann wieder nach re wenden
2	1	↔	R	T. 1 2x wiederholen ...
	+		w	...
	2	↻	L	...
	+		r St	...
3	1	↔	R	...
	+		w	...
	2	↻	L	...
	+		r St	...
4	1	↦	R	Schritt mit R seitlich nach re
	+	⬚	L ran	Schritt mit L neben R
	2		r St	Stampf mit R neben L
	+		-	Pause
5-8				T. 6 - 4 wiederholen ●

ČOKMANSKO HORO

Name:	„Tanz aus Čokmanovo"
Herkunft:	Rhodopen, Gegend von Smoljan (Dorf Čokmanovo)
Stil:	ruhige, gleichmäßige Bewegungen
Form:	gemischter Kreis, V-Fassung
Rhythmus:	2/4
Quelle:	Irena STANEVA 2002
Tanzbeschreibung:	Herwig MILDE

Takt	Schlag	Richtung	Schritt	Beschreibung
				1. Figur (Zickzack)
1	1	⤳	R	Schritt mit R **seitlich** nach re
	2		L^x	Schritt mit L vor R gekreuzt
2	1		R	Schritt mit R seitlich nach re
	2		L^x	Schritt mit L vor R gekreuzt
3	1	↗	R	langsamer Schritt mit R **diagonal nach re vorwärts**
	2		-	
4	1		L	langsamer Schritt mit L diagonal nach re vorwärts
	2		-	
5	1	⤳	R	Schritt mit R **seitlich** nach re
	2		L_x	Schritt mit L hinter R gekreuzt
6	1		R	Schritt mit R seitlich nach re
	2		L_x	Schritt mit L hinter R gekreuzt
7	1	↘	R	langsamer Schritt mit R **diagonal nach re rückwärts**
	2		-	
8	1		L	langsamer Schritt mit L diagonal nach re rückwärts
	2		-	
9	1	⤳	R	Schritt mit R seitlich nach re (L Fuß bleibt am Platz)
	2		w	leicht nachfedern
10	1	⬳	L	Schritt mit L seitlich nach li (R Fuß bleibt am Platz)
	2		w	leicht nachfedern
				Die 1. Figur wird 2x ausgeführt (20 Takte).
				2. Figur (hin und her mit Stampf)
1	1	⤳	R	Schritt mit R **seitlich nach re**
	2		L_x	Schritt mit L hinter R gekreuzt
2	1		R	Schritt mit R seitlich nach re
	2		L_x	Schritt mit L hinter R gekreuzt
3	1		R	langsamer Schritt mit R diagonal nach re rückwärts
	2		l F St	**stampfen** mit der L Ferse neben R
4	1	⬳	L	T. 1 – 3 **gegengleich** wiederholen ...
	2		R_x	...
5	1		L	...
	2		R_x	...
6	1		L	...
	2		r F St	...
				Die 2. Figur wird 2x ausgeführt (12 Takte) ●

ČU SE PROČU NEDELJA

Name:	„Nedelja war überall bekannt" (Liedanfang, s.u.)
Herkunft:	Bulgarien
Stil:	heiter, leichtfüßig
Form:	Aufstellung Frauen hintereinander in einer Reihe, li Hand eingestützt, re Hand faßt li Unterarm der Tänzerin vorn.
Rhythmus:	11/16: ♪ ♪ ♪. ♪ ♪
Quelle:	Julian Stanev 2000
Tanzbeschreibung:	Herwig MILDE

Wert:	2	2	3	2	2
Zählung:	1	2	**3**	4	5

Takt	Schlag	Richtung	Schritt	Beschreibung
				1. Figur - auf der Kreisbahn (Liedstrophe)
1	1	↦	R	11 Schritte R beginnend vorwärts nach re, leicht seitlich wiegend ...
	2		L	...
	3		R	...
	4		L	...
	5		-	
2	1		R	...
	2		L	...
	3		R	...
	4		L	...
	5		-	
3	1		R	...
	2		L	...
	3		R	...
	4		l tip	L Fußspitze berührt vorn den Boden
	5		-	
4	1	↤	L	3 Schritte L beginnend rückwärts ...
	2		R	...
	3		L	...
	4		r tip	R Fußspitze berührt den Boden dicht neben L
	5		-	
		↻		**1. Figur wiederholen**, dann halb nach li wenden
				2. Figur - kleiner Kreis zur Mitte (instrumentales Zwischenspiel)
1	1	↘	R	im Bogen vorwärts zur Mitte: 4 Schritte R beginnend ...
	2		L	...
	3	↑	R	...
	4		L	...
	5		-	
2	1	↗	R	noch 2 Schritte diagonal nach re vorwärts ...
	2		L	...
	3	↔	R,Lˣ	schneller Doppelschritt R-L nach re, L vor R gekreuzt

Takt	Schlag	Richtung	Schritt	Beschreibung
	4		R	Schritt mit R seitlich nach re
	5		L^X	Schritt mit L vor R gekreuzt
3	1	↕	R	6 Schritte R beginnend rückwärts ...
	2		L	...
	3		R	...
	4		L	...
	5		-	
4	1		R	...
	2	⬚	L	... (ab hier am Platz)
	3		R,L	Doppelschritt R-L
	4		R	2 Schritte R, L ...
	5		L	...
		↻		**2. Figur wiederholen**, dann nach re wenden zum Wiederbeginn mit 1. Figur ●

DĂLGATA

Name:	„die Lange"
Herkunft:	Pirin, SW-Bulgarien
Stil:	Typ Džangurica, Hin- und Herdrehungen mit Kreuzschritten, kleine Doppelschritte
Form:	gemischte Reihe, V- oder Gürtelfassung

Rhythmus: 9/16: ♪ ♪ ♪ ♪.

Wert:	2	2	2	3
Zählung:	1	2	3	**4**

Quelle:	Belčo STANEV 2003
Tanzbeschreibung:	Herwig MILDE[1]

Takt	Schlag	Richtung	Schritt	Beschreibung
				8 Takte Vorspiel

1. Figur (Lied, vorwärts im Kreis)

Takt	Schlag	Richtung	Schritt	Beschreibung
1	1	↔	R	3 Schritte R beginnend vorwärts nach re ...
	2		L	...
	3		R	...
	4		w, L	nachfedern und Schritt mit L vorwärts
2	1		R	4 Schritte R beginnend vorwärts ...
	2		L	...
	3		R	...
	4		L	..., R Fuß bleibt hinten
3	1	↗×	R	Schritt mit R diagonal nach li außen
	2	↻	L ran	Schritt mit L neben R
	3	↑	R	Schritt mit R vorwärts zur Mitte
	4		l ran	L Fuß ohne Gewicht ansetzen
4	1	↜	L	Schritt mit L seitlich nach li
	2		R ran	Schritt mit R dicht neben L
	3		L	Schritt mit L seitlich nach li
	4		r ran	R Fuß ohne Gewicht ansetzen
				Die 1. Figur wird 3x getanzt (= 12 Takte).

2. Figur (instrumentales Zwischenspiel mit Sovalka)

Takt	Schlag	Richtung	Schritt	Beschreibung
1	1	↓	R / l	**Sovalka:** Schritt mit R rückwärts, gleichzeitig die L Ferse nach innen drehen, die L Fußspitze bleibt am Boden (= Drehpunkt)
	2		L	Schritt mit L neben R
	3	↻	Rˣ	Schritt mit R vor L gekreuzt und nach re wenden
	4	↔	h, Lˣ	hüpfen auf R und Schritt mit L vor R gekreuzt nach re
2	1		R, L	Doppelschritt R beginnend nach re
	2		R	2 Schritte R beginnend nach re ...
	3		L	...
	4		R, L	Doppelschritt R beginnend nach re
				Die 2. Figur wird 4x getanzt (= 8 Takte). Wiederbeginn mit 1. Figur ●

---

[1] Für „33 bulgarische Tanzlieder" angepaßt an die Aufnahme auf der LP „Populjarni bălgarski narodni pesni" Balkanton BHA 1172

DEVOJKO MĂRI HUBAVA

Name:	„Du, schönes Mädchen" (Lied, s.u.)
Herkunft:	Rhodopen
Stil:	sehr ruhig
Form:	gemischte Reihe, eingehängt (re Hand im li Arm des re Nachbarn)
Rhythmus:	2/4
Quelle:	Belčo STANEV 2008
Tanzbeschreibung:	Herwig MILDE

Takt	Schlag	Richtung	Schritt	Beschreibung
1	1		R	2 langsame Schritte R beginnend vorwärts nach re …
	2	↔		…
2	1		L	…
	2	↺		… und zur Mitte wenden
3	1	↳	R	Schritt mit R seitlich nach re
	2		Lx	Schritt mit L hinter R gekreuzt
4	1		R	Schritt mit R seitlich nach re
	2		Lx	Schritt mit L hinter R gekreuzt
5	1		R →	Schritt mit R seitlich nach re, L bleibt an seinem Platz
	2		L ←	wiegen nach li
6	1		R →	wiegen nach re
	2			
7	1		l tip ↑	L Fußspitze berührt vorn den Boden und hebt sich sofort etwas kräftiger[1]
	2			
8	1	⊓	L Pl	Schritt mit L am Platz
	2			
9	1		r tip ↑	wie T. 7 mit R
	2			
10	1		R Pl	2 Schritte R beginnend am Platz …
	2		L Pl	… ●

---

[1] Akzent nach oben, aus dem ganzen Bein, „rupfen", nicht nach unten klopfen!

DIMO IZ HASKOVO VĂRVEŠE

Name:	„Dimo lief in Haskovo umher"			
Herkunft:	Ostthrakien			
Stil:	typische thrakische Grundfiguren (-schritte etc.)			
Form:	gemischter Kreis, W-Fassung			
Rhythmus:	2/4			
Quelle:	Irena STANEVA			
Tanzbeschreibung:	Herwig MILDE			

Takt	Schlag	Richtung	Schritt	Beschreibung	
				1. Figur	
1	1	↔	R	3 Schritte R beginnend nach re vorwärts ...	
	2		L	...	
2	1		R	...	
	2	↻	w	nachfedern und zur Mitte wenden	
3	1	↑	L	Schritt mit L zur Mitte (li Hüfte zur Mitte drehen)	Hände ab
	2		w	nachfedern	
4	1	↕	R	Schritt mit R rückwärts (zurück in Pos. 1)	Hände hoch (W-Haltung)
	2		w	nachfedern	
5	1		L	Schritt mit L rückwärts	
	2		w	nachfedern	
				die 1. Figur wird 4x ausgeführt (20 Takte). Bei den Wiederholungen werden die Hände im 1. Takt zur W-Haltung gehoben.	
				2. Figur	
1	1	⯁	R→, L Pl	Schritt mit R ein wenig seitlich nach re und Schritt mit L am Platz	Hände abwärts zur V-Fassg.
	2		R Pl	Schritt mit R am Platz	
2	1		L←, R Pl	Schritt mit L ein wenig nach li und Schritt mit R am Platz	
	2		L Pl	Schritt mit L am Platz	
3	1		R→, L Pl	Takte 1 – 2 wiederholen ...	
	2		R Pl	...	
4	1		L←, R Pl	...	
	2		L Pl	...	
5	1	↑	R	Schritt mit R vorwärts zur Mitte	
	2		h	hüpfen auf R	
6	1		L	Schritt mit L vorwärts zur Mitte	
	2		h	hüpfen auf L	
7	1	⯁	R Pl	Schritt mit R am Platz	
	2		l St	stampfen mit L	
8	1		L Pl	Schritt mit L am Platz	
	2		r St	stampfen mit R	
9-16		⯁ ↕ ⯁		Takt 1 – 8 wiederholen: am Platz, rückwärts und am Platz	
				Bei Wiederbeginn der 1. Figur werden die Hände im 1. Takt zur W-Haltung gehoben. ●	

DRAMSKOTO

Name:	„Der (Tanz) aus der Gegend von Drama"[1]
Herkunft:	Pirin/SW-Bulgarien
Stil:	ruhig, elastische Schritte
Form:	gemischte Reihe, W-Fassung
Rhythmus:	2/4
Quelle:	Yves MOREAU 2004
Tanzbeschreibung:	Herwig MILDE

Takt	Schlag	Richtung	Schritt	Beschreibung
				Grundfigur
1	1	↪	R	zwei langsame Schritte R beginnend vorwärts nach re ...
	+		-	...
	2		L	...
	+		-	...
2	1		R	noch drei schnellere Schritte R beginnend nach re ...
	+		L	...
	2		R	...
	+	↺	w	nachfedern und zur Mitte wenden
3	1	↑	L	Schritt mit L zu Mitte
	+		w	nachfedern
	2	↕	R	Schritt mit R zurück zum Platz
	+		w	nachfedern
4	1	↩	L	Schritt mit L seitlich nach li
	+		R ran	Nachstell-Schritt mit R
	2		L	Schritt mit L seitlich nach li
	+		-	
				Verlängerung
5	1	↑	R	Schritt mit R vorwärts
	+		w	nachfedern
	2	↕	L	Schritt mit L rückwärts
	+		B	R neben L aufsetzen, Gewicht auf beiden Füßen, auf den Vorfuß heben und
	3	▢	B	absenken
	+		-	

Abfolge:

Instrumentalteil: 2x Grundfigur

Gesang: 1x Grundfigur + Verlängerung + Grundfigur und wiederholen ●

---

[1] Drama befindet sich seit 1920 auf griechischem Staatsgebiet. Davor konnten die Einwohner sich auf dem Territorium des Osmanischen Reiches bzw. nach 1878 innerhalb Bulgariens bis zur Mittelmeerküste frei bewegen.

DŽANGURICA

Name: von *džangăr* - Geschrei, Lärm (Aussprache: Betonung auf dem „u")

Herkunft: Bulgarien, Prin

Stil: hüpfend und federnd, leicht

Form: gemischte Reihe, W-Fassung

Rhythmus: 9/8: ♩ ♩ ♩ ♪♩

Wert:	2	2	2	1	2
Zählung:	1	2	3	4	5

Quelle: Maria EVTIMOVA 1993 und Irena STANEVA 2000

Tanzbeschreibung: Herwig Milde[1]

Takt	Schlag	Richtung	Schritt	Beschreibung

1. Figur (Gesang): nach re und li

Hände:

Takt	Schlag	Richtung	Schritt	Beschreibung	Hände
1	1	◇	r^x F	R **Ferse** vor L aufsetzen	vor + abwärts
	2		R^x	Schritt mit R vor L **gekreuzt**	hoch
	3	↻	l fg / h	nach re wenden, mit L diagonal nach re vorn 1x **fegen** und 2x **hüpfen** auf R	
	4		h	...	
	5		L^x	Schritt mit L vor R **gekreuzt**	
2	1	↔	R,L	**3 kleine Schritte** R beginnend vorwärts nach re ...	
	2		R	...	
	3		h,L	**hüpfen** auf R und sofort danach **Schritt** mit L	
	4		h	**hüpfen** auf L	
	5		R	**Schritt** mit R	
3	1	↻	h	**4x hüpfen** auf R, dabei langsam nach li wenden, der L Fuß schwebt mit gestrecktem Knie vor R knapp über dem Boden	
	2		h	...	
	3		h	...	
	4		h	...	
	5		L Pl	**Schritt** mit L am Platz	
4	1	◇	R^x,L Pl	Schritt mit R vor L **gekreuzt** und Schritt mit L **am Platz**	vor + ab
	2		R^x	Schritt mit R vor L **gekreuzt**	hoch
	3	↻	L Pl	Schritt mit L **am Platz** und nach re wenden	
	4		R$_x$	Schritt mit R **hinter** den L Fuß	
	5		L Pl	Schritt mit L **am Platz** (und zum Wiederbeginn wieder nach li wenden)	
		↻			

2. Figur (instr. Zwischenspiel kurz): zur Mitte und zurück

Takt	Schlag	Richtung	Schritt	Beschreibung
1	1	↑	R	**5 Schritte** R beginnend (Rhythmus!) vorwärts **zur Mitte** ...
	2		L	...
	3		R	...
	4		L	...
	5		R	...

---

[1] Für „33 bulgarische Tanzlieder" angepaßt an die Aufnahme *„Čula baba razbrala"* (Sestri Biserovi)

2	1	↕	L	T. 1 **rückwärts** gegengleich wiederholen ...
	2		R	...
	3		L	...
	4		R	...
	5		L	...

2. Figur (instr. Zwischenspiel lang): zur Mitte und zurück und Tip

1	1	↑	R	**5 Schritte** R beginnend (Rhythmus!) vorwärts **zur Mitte** ...
	2		L	...
	3		R	...
	4		L	...
	5		R	...
2	1	↕	L	T. 1 **rückwärts** gegengleich wiederholen ...
	2		R	...
	3		L	...
	4		R	...
	5		L	...
3	1	☐	r˟ tip	R **Fußspitze** vor L aufsetzen
	2		r ↗ tip	R **Fußspitze** diagonal re vorn aufsetzen
	3		r˟ tip	R **Fußspitze** vor L aufsetzen
	4		w	nachfedern auf R
	5		R Pl	Schritt mit R **am Platz**
4	1		l˟ tip	T. 3 gegengleich wiederholen ...
	2		l ↖ tip	...
	3		l˟ tip	...
	4		w	...
	5		L Pl	...

Abfolge der Figuren: 1 - 2 kurz - 1 - 2 lang - 1 - 2 kurz - 1 - 2 lang usw. ...

Finale

1	1	↑	R	**4 Schritte** R beginnend (Rhythmus!) vorwärts **zur Mitte** ...
	2		L	...
	3		R	...
	4		L	...
	5		**r St!**	Stampf mit R neben L ●

ELENO MOME

Name:	„Mädchen Elena", nach dem Tanzlied
Herkunft:	in ganz Bulgarien verbreitet
Stil:	sehr lebendig und energisch
Form:	offener Kreis, V-Fassung
Rhythmus:	7/8 = ♩ ♩ ♪ ♩ [1]
Quelle:	Belčo STANEV u.a. 1976
Tanzbeschreibung:	Herwig Milde

Wert:	2	2	1	2
Zählung:	1	2	3	4

Takt	Schlag	Richtung	Schritt	Beschreibung
				1. Figur: Spusâk
1	1	↔	R	**2 Schritte** mit R beginnend vorwärts in Tanzrichtung ...
	2		L	...
	3	↻	R	**Sprungschritt** mit R vorwärts und zur Mitte wenden, **Hände** vor und abwärts
	4	↦	Lx	Schritt mit L **hinter** R **gekreuzt**
2	1	⊓	B	Sprung auf **beide** Füße u. sofort L-Knie heben, **Hände** heben zur W-Haltung
	2		w / l	nachfedern und L-Fuß in der Luft abwärts stoßen („**spusâk**")
	3	←	L	Sprungschritt mit L **seitlich** nach li, **Hände** vor und abwärts
	4		Rx	Schritt mit R **hinter** L **gekreuzt**
3	1	⊓	B	Sprung auf **beide** Füße u. sofort R-Knie heben, **Hände** heben zur W-Haltung
	2		w / r	nachfedern und **spusâk** re
	3	↦	R	Sprungschritt mit R **seitlich** nach li
	4		Lx	Schritt mit L **hinter** R **gekreuzt**
				2. Figur: Grätsche
1	1	↔	R	wie 1. Figur, mit Variation in T. 2 und 3, Z. 1 und 2:
	2		L	
	3	↻	R	
	4	↦	Lx	
2	1	⊓	B | |	Sprung auf beide Füße leicht **gegrätscht**
	2		B ||	Sprung auf beide Füße, **geschlossen**
	3	←	L	
	4		Rx	
3	1	⊓	B | |	Sprung auf beide Füße leicht **gegrätscht**
	2		B ||	Sprung auf beide Füße, **geschlossen**
	3	↦	R	
	4		Lx	
				3. Figur: kleine Kreuzschritte
1	1	↔	R	T. 1 - 2 wie 1. Fig., T. 1 - 2 ... (Hände bleiben oben bis T. 4)
	2		L	...
	3	↻	R	...
	4	↦	Lx	...

---

[1] Wir zählen nicht „1 2 + 3", weil die kurze Z. 3 betont ist.

2	1	⌑	B	...
	2		w / l	...
	3	↩	L	...
	4		Rx	...
3	1	⌑	L Pl	Schritt mit L am Platz
	2	↪	Rˣ, Lx	**4 schnelle Kreuzschritte**: mit R vor L gekreuzt und mit L hinter R gekreuzt
	3		R	Schritt mit R seitlich nach re
	4		Lˣ	Schritt mit L vor R gekreuzt
4	1		R, Lx	**6 schnelle Kreuzschritte**: mit R seitlich und mit L hinter R gekreuzt
	2		R, Lˣ	mit R seiltich und mit L vor R gekreuzt
	3		R	mit R seiltich
	4		Lx	mit L hinter R gekreuzt
5	1	⌑	B	weiter wie 1. Fig., T. 2 - 3, mit Handbewegung ...
	2		w / l	...
	3	↩	L	...
	4		Rx	...
6	1	⌑	B	...
	2		w / r	...
	3	↪	R	...
	4		Lx	... ●

IŠU NEDO

Name:	„Still, Neda!" (Liedanfang, s.u.)	
Herkunft:	Autorentanz. Komposition: Stefan Dragostinov, Choreographie: Belčo Stanev	
Stil:	ruhige, behutsame Schritte, vorgzugsweise auf dem Vorfuß, sparsame Bewegungen	
Form:	offene Reihe, V-Fassung	
Rhythmus:	11/8: ♩ ♩ ♩. ♩ ♩	
Quelle:	Belčo STANEV 2011	
Tanzbeschreibung:	Herwig MILDE	

Wert:	2	2	**3**	2	2
Zählung:	1	2	**3**	4	5

Takt	Schlag	Richtung	Schritt	Beschreibung
				4 Takte Vorspiel
1	1	↩	R	4 Schritte R beginnend vorwärts nach re …
	2		L	…
	3		R	…
	4		L	…
	5		-	
2	1		R	T. 1 wiederholen …
	2		L	…
	3		R	…
	4	↺	L	… und zur Mitte wenden
	5		-	
3	1	⃞	R Pl	2 Schritte R beginnend am Platz …
	2		L Pl	…
	3		R, L	2 schnelle Schritte (kurz-lang) R beginnend am Platz
	4		R Pl	Schritt mit R am Platz
	5		L^X	Schritt mit L vor R gekreuzt
4	1		R Pl	2 Schritte R beginnend am Platz …
	2		L Pl	…
	3		R^X, L Pl	2 schnelle Schritte (kurz-lang) R vor L gekreuzt und L am Platz
	4		R Pl	2 Schritte R beginnend am Platz …
	5	↻	L Pl	… und nach re wenden
				In der dritten Strophe bei der Wiederholung des zweiten Verses „ Išu, bjala Nedo, Nedice le, Nedo, dva gâlâba, Nedo, dva slaveja" **Fermate** am Endes des dritten Takts, dann im 4. Takt:
4	1		R Pl	Schritt R am Platz …
	2	↩	L	Schritt mit L seitlich nach li
	3		R ran	Schritt mit R dicht neben L
	4		L	Schritt mit L seitlich nach li
	5	↻	R ran	Schritt mit R dicht neben L und nach re wenden
				Finale (auf den letzten Vers „išu, išu, Nedo, išu, bjala Nedo, išu!"):
				T. 1 - 4 wiederholen,
1-2		↩		T. 1 + 2 wiederholen
				und 4 langsame Schritte R beginnend vorwärts nach re, zur Mitte wenden und Füße schließen. ●

JOVE MALAJ MOME

Name: „Jova, kleines Mädchen" (Tanzlied)

Herkunft: Bulgarien, Region Šopluk, Gegend von Godeč

Stil: 1. Figur fließend, ab 2. Figur zunehmend lebhaft bis heftig, mit dem typischen „natrissane" der Schultern und Arme; die längeren Zählzeiten (T. 1, Z.1 und T. 2, Z. 3) werden deutlich betont.

Form: Gemischter offener Kreis in V-Fassung, die besten Tänzer tanzen am Anfang (*horovodec*) und am Ende (*opaškar*).

Rhythmus: 7/16 + 11/16: ♪. ♪ ♪ ♪ ♪ ♪. ♪ ♪

Wert:	3	2	2	2	2	3	2	2
Zählung:	**1**	2	3	1	2	**3**	4	5

Quelle: Krasimir PETROV 1986 und Boris VÂLKOV

Tanzbeschreibung: Herwig Milde

Takt	Schlag	Richtung	Schritt	Beschreibung
				1. Figur „osnovno": Grundfigur
1	**1**	↔	R	Schritt mit R vorwärts nach re
	2		w	nachfedern
	3		L	Schritt mit L vorwärts
2	1		R	3 Schritte mit R beginnend vorwärts ...
	2		L	...
	3		R	...
	4		w	nachfedern
	5		L	Schritt mit L vorwärts
				2. Figur „sitno": Doppelschritt
1	**1**	↔	R,L	**Doppelschritt**: zwei schnelle, kleine Schritte R beginnend, R übernimmt kaum das Gewicht
	2		R	**4 Laufschritte** R beginnend ...
	3		L	...
2	1		R	...
	2		L	...
	3		R,L	**Doppelschritt**
	4		R	**2 Laufschritte** ...
	5		L	...
				3. Figur „Jova"
1	**1**	↦	R	Schritt mit R seitlich nach re
	2		h	hüpfen auf R
	3		Lˣ	Schritt mit L vor R gekreuzt
2	1		R	Schritt mit R seitlich nach re
	2		Lˣ	Schritt mit L vor R gekreuzt
	3		R↘	Schritt mit R diagonal nach re **hinten**
	4		B	Füße schließen, Gewicht auf beide Füße
	5		w	nachfedern
3	**1**	↤	L	T. 1 – 2 gegengleich nach li wiederholen ...
	2		h	...
	3		Rˣ	...

4	1		L	...
	2		Rˣ	...
	3		L↙	...
	4		B	...
	5		w	...

4. Figur „nabivane": Stampf

Männer:

1	**1**	└→	R	Schritt mit R seitlich nach re
	2		h	hüpfen auf R
	3		Lˣ	Schritt mit L vor R gekreuzt
2	1		R	Schritt mit R seitlich nach re
	2		L_x	Schritt mit L hinter R gekreuzt
	3		R	Schritt mit R seitlich nach re
	4		w	nachfedern, L Knie heben
	5		I St	Stampf mit der L Ferse
3-4		←┘		T. 1 – 2 gegengleich wiederholen

Variante der Frauen

		└→		T. 1 und 2 bis Z. 2 wie Männer
2	**3**		R	Schritt mit R seitlich nach re
	4		Lˣ	Schritt mit L vor R gekreuzt
	5		R Pl	Schritt mit R am Platz

5. Figur „napred – nazad": vor und zurück

1	**1**	↑	R	Schritt mit R vorwärts
	2		w	nachfedern
	3		L	Schritt mit L vorwärts
2	1	↕	R	Schritt mit R rückwärts
	2		L	Schritt mit L rückwärts
	3	↑	R	Schritt mit R vorwärts
	4		w	nachfedern
	5		L	Schritt mit L vorwärts
3-4				T. 1 – 2 wiederholen

„Vraži": Variante des *opaškar*

1-2		↑↕↑		wie oben
3	**1**	↕	R	Schritt mit R rückwärts
	2		w	nachfedern
	3	⬚	L Pl	Schritt mit L neben den R Fuß
4	1		R Pl	2 Schritte am Platz ...
	2		L Pl	...
	3		r F ↗	R Ferse diagonal re vorn aufsetzen, Knie gestreckt
	4		r F ↑	R Ferse vorn aufsetzen
	5		B	Füße schließen

Ablauf:

Die einzelnen Figuren werden auf Kommando getanzt. Der *horovodec* (Tanzführer) führt die 1. Figur im Kreis, in Serpentinen und einer Spirale, bis der *opaškar* (der letzte Tänzer) die Initiative ergreift, um mit der 2. Figur „sitno" den Horo nach links in einer Spirale ein- und wieder aufzudrehen. Auf ein Zeichen rufen alle Männer „Jo-ve-e", worauf alle die 3. Figur „Jova" tanzen. Die Bewegungen werden lebhafter und auf das Kommando des *horovodec* tanzen die Männer die 4. Figur *„nabivane"* mit dem Fersenstampf, während die Frauen stattdessen den Kreuzschritt machen. Die 5. Figur dient dem Ausruhen, nachdem der Tanz eine gewisse Lebhaftigkeit erreicht hat. Währenddessen führt der *opaškar* seine Variante *„vraži"* mit großen Bewegungen aus. Der Tanz beginnt je nach Stimmung wieder von vorn. (Boris VÂLKOV: Sbornik bâlgarski folklorni hora, Sofia 1980) ●

KAKO KOSTADINE

Name: „Schwester[1] Konstantina" - nach dem Refrain „Kako Kostadino[2]" des Tanzliedes

Herkunft: Šopluk/Bulgarien

Stil: lebhaft, leichtfüßig

Form: gemischte Reihe, Gürtelfassung

Rhythmus: 9/8 + 7/8: ♩ ♩ ♩ ♪ ♩ | ♩ ♩ ♩.

Wert:	2	2	2	1	2	2	2	3
Zählung:	1	2	3	4	5	1	2	3

Quelle: Belčo STANEV 2012

Tanzbeschreibung: Herwig MILDE

Takt	Schlag	Richtung	Schritt	Beschreibung
				1. Figur - Gesang
1	1	⟷	R	3 Schritte R beginnend vorwärts nach re …
	2		L	…
	3		R	…
	4		L Spr	kurzer, angesprungener Schritt mit l
	5		R	Schritt mit R vorwärts
2	1		L	2 weitere Schritte vorwärts …
	2	↻	R	… und zur Mitte wenden
	3	⬚	L ran	Schritt mit L dicht neben R
				Die 1. Figur wird 4x getanzt.
				2. Figur - Instrumentalspiel
				Achtung: Achtelzählung 1 + 2 + 3 + 4 5 +	1 + 2 + 3 + +
1	1	⬚	R Pl	am Platz: 3x Schritt - Stampf …
	+		l St	…
	2		L Pl	…
	+		r St	…
	3		R Pl	…
	+		l St	…
	4		L Pl	noch ein vierter Schritt mit L am Platz, R holt weit von hinten aus …
	5		-	
	+		-	
2	1		R^X	Schritt mit R vor L gekreuzt
	+		-	
	2	⬚	L Pl	Schritt mit L am Platz
	+		-	
	3		R Pl	2 schnelle Schritte R-L am Platz …
	+		L Pl	…
	+		-	

---

[1] Gemeint ist die Verwandte.

[2] Der Refrain lautet „Kako Kostadino", während der Tanz „Kako Kostadine" genannt wird.

Takt	Schlag	Richtung	Schritt	Beschreibung
3	1	↑	R	3 Schritte R beginnend vorwärts zur Mitte ...
	+			
	2		L	...
	+			
	3		R	...
	+			
	4		L	2 schnelle Schritte L-R am Platz ...
	5		R	...
	+			
4	1	←	B	Schritt mit L seitlich nach li, aber Gewicht auf beide Füße, gegrätscht
	+			
	2	⊓	L / r^X	nachfedern auf L, gleichzeitig kreuzt R vor dem L-Schienbein
	+			
	3		R Pl	2 schnelle Schritte R-L am Platz ...
	+		L Pl	...
	+		-	
				T. 1 - 4 wiederholen, aber T. 3 rückwärts:
5	1	⊓	R Pl	
	+		l St	
	2		L Pl	
	+		r St	
	3		R Pl	
	+		l St	
	4		L Pl	
	5		-	
	+		-	
6	1		R^X	
	+		-	
	2	⊓	L Pl	
	+		-	
	3		R Pl	
	+		L Pl	
	+		-	
7	1	↕	R	rückwärts
	+			
	2		L	
	+			
	3		R	
	+			
	4		L	
	5		R	
	+			

Takt	Schlag	Richtung	Schritt	Beschreibung
8	1	↵	B	
	+			
	2	☐	L / r^X	
	+			
	3		R Pl	
	+		L Pl	
	+		-	

Wiederbeginn mit 1. Figur ●

KALĂM KALINO

Name:	„wunderbare Kalina" (vgl. Liedtext)			
Herkunft:	Thrakien, Bulgarien			
Stil:	lebhaft, fröhlich, elastische Schritte			
Form:	gemischter offener Kreis, W-Fassung			
Rhythmus:	2/4			
Quelle:	Julian STANEV 2006			
Tanzbeschreibung:	Herwig MILDE			

Takt	Schlag	Richtung	Schritt	Beschreibung
				16 Takte Vorspiel
				1. Figur (Gesang) - Zickzack
1	1	↗	R	4 schnelle Schritte R beginnend vorwärts diagonal nach re innen ...
	2		L	...
2	1		R	...
	2		L	...
3	1		R	2 langsame Schritte R beginnend weiter ...
	2		-	...
4	1		L	...
	2	↻	-	... und nach li wenden
5	1	↙	R	4 schnelle Schritte R beginnend rückwärts diagonal nach re außen ...
	2		L	...
6	1		R	...
	2		L	...
7	1		R	2 langsame Schritte R beginnend weiter ...
	2		-	...
8	1		L	...
	2	↺	-	
				Die 1. Figur wird 4x getanzt.
				2. Figur - zur Mitte
1	1	↑	R	4 Schritte R beginnend vorwärts zur Mitte ...
	2		L	...
2	1		R	...
	2		L	...
3	1		R, L	3er-Schritt R beginnend vorwärts
	2		R	
4	1	⊓	B //	auf beiden Füßen Fersen anheben und parallel nach li drehen,
	2		B	flach, gerade Fußstellung, Plié
5	1		B ||	auf beiden Füßen Fersen anheben in gerader Fußstellung
	2		B	flach, Plié
6	1		R	zwei langsame Schritte R beginnend rückwärts, tief ...
	2			
7	1		L	...
	2			

Takt	Schlag	Richtung	Schritt	Beschreibung
8	1		R	2 weitere Schritte rückwärts ...
	2		L	...
				Die 2. Figur wird 2x getanzt.
				1. Figur wiederholen (4x)
				2. Figur wiederholen (2x)
				1. Figur wiederholen (4x)
				Zwischenspiel
1	1		B	4x am Platz auf beide Füße springen ...
	2		B	...
2	1		B	...
	2		B	...
				3. Figur (langes Instrumentalspiel) - 34 Takte
1	1	↑	R	4 Schritte R beginnend vorwärts zur Mitte ...
	2		L	...
2	1		R	...
	2		L	...
3	1	↳	R, L Pl	3er-Schritte R seitlich nach re
	2		R Pl	
4	1	↵	L, R Pl	3er-Schritte L seitlich nach li
	2		L Pl	
5	1	↳	R	4 Schritte R beginnend, L hinter R gekreuzt seitlich nach re ...
	2		Lx	...
6	1		R	...
	2		Lx	...
7	1		R	großer Schritt mit R seitlich nach re
	2		w	nachfedern
8	1	↵	L	großer Schritt mit L seitlich nach li
	2		R ran	Schritt mit R neben L
9	1		L ↙	Schritt mit L nach li etwas zurück — Armbewegung: rück
	2		R ↖	Schritt mit R nach li etwas vor — vor (bis Takt 22)
10	1		L ↙	T. 9 noch 5x wiederholen ...
	2		R ↖	...
11	1		L ↙	...
	2		R ↖	...
12	1		L ↙	...
	2		R ↖	...
13	1		L ↙	...
	2		R ↖	...
14	1		L ↙	...
	2		R ↖	...
15	1		L	Schritt mit L nach li
	2		w	nachfedern
16	1	↳	R	Schritt mit R seitlich nach re
	2		L Pl	Schritt mit L neben R
17	1	↑	R	Schritt mit R vorwärts zur Mitte
	2		w	nachfedern

Takt	Schlag	Richtung	Schritt	Beschreibung
18	1	↕	L	Schritt mit L rückwärts
	2		w	nachfedern
19	1	↑	R	Schritt mit R vorwärts zur Mitte
	2		w	nachfedern
20	1		L	Schritt mit L vorwärts zur Mitte
	2		w	nachfedern
21	1	↕	R	Schritt mit R rückwärts
	2		w	nachfedern
22	1		L	Schritt mit L rückwärts
	2		w	nachfedern
23	1	↳→	R	Schritt mit R seitlich nach re Hände heben zu hoher Haltung
	2		w	nachfedern
24	1	←↵	L	Schritt mit L seitlich nach li
	2		w	nachfedern
25	1		R	12 Schritte R beginnend fast gekreuzt vor L nach li ...
	2		L	...
26	1		R	...
	2		L	...
27	1		R	...
	2		L	...
28	1		R	...
	2		L	...
29	1		R	...
	2		L	...
30	1		R	...
	2		L	...
31	1	↑	R^X	großer Schritt mit R vor L gekreuzt
	2			
32	1		L^X	großer Schritt mit L vor R gekreuzt
	2			
33	1	↕	R	zwei große Schritte R beginnend rückwärts ...
	2			
34	1		L	...
	2	↻		und nach re wenden, Hände in W-Fassung

Gesang: 1. Figur wiederholen (4x)
Zwischenspiel und 3. Figur wiederholen
Gesang: 1. Figur wiederholen (4x)
Finale

1	1	↑	R	4 Laufschritte R beginnend zur Mitte ...
	2		L	...
2	1		R	...
	2		L	...
3	1		R, L Pl	3er-Schritt R beginnend am Platz
	2		R Pl	
4	1		L Pl	Schritt mit L am Platz
	2		r St	Stampf mit R ●

KATUŠE MOME

Name:	Katuše = weiblicher Vorname (erste Zeile des Liedes: „Katuše, pusto, Katuše")
Herkunft:	Pirin
Stil:	moderat bewegt, weich, federnd
Form:	gemischter offener Kreis, W-Fassung
Rhythmus:	9/8: ♩ ♩. ♩ ♩

Wert:	2	3	2	2
Zählung:	1	**2**	3	4

Quelle:	Dick CRUM, Yves MOREAU
Tanzbeschreibung:	Herwig MILDE

Takt	Schlag	Richtung	Schritt	Beschreibung
1	1	↪	Lw	halb nach re gewandt federn im Standbein (L)
	2		w,R	kurz nachfedern und Schritt mit R nach re
	3		L	2 Schritte L, R weiter vorwärts nach re ...
	4		R	...
2	1		L	Schritt mit L vorwärts nach re
	2	↻	w,R	kurz nachfedern und Schritt mit R nach re und zur Mitte wenden
	3		L^X	Schritt mit L vor R gekreuzt
	4	☐	R Pl	Schritt mit R zurück am Platz
3	1		Rw	nachfedern auf R
	2		w,L Pl	kurz nachfedern und Schritt mit L neben R
	3		R^X	Schritt mit R vor L gekreuzt
	4		L Pl	Schritt mit L zurück am Platz
4	1		Lw	nachfedern auf L
	2		w,R Pl	kurz nachfedern und Schritt mit R am Platz
	3		L^X	Schritt mit L vor R gekreuzt
	4		R Pl	Schritt mit R zurück am Platz
5	1		Rw	nachfedern auf R
	2		w,L Pl	kurz nachfedern und Schritt mit L am Platz
	3		R^X	Schritt mit R vor L gekreuzt
	4		L Pl	Schritt mit L zurück am Platz ●

Während der Tanz aus fünf Takten besteht, baut die Melodie des Liedes auf vier Takten auf. Dadurch verschieben die Schrittfiguren sich ständig gegenüber der Musik.

KEMENE MI DRÂNKA

Name:	„meine Gâdulka klingt"
Herkunft:	Bulgarien
Stil:	beschwingt, stark federnd, Füße setzen mit der Ferse auf
Form:	W-Fassung
Rhythmus:	2/4
Quelle:	Julian STANEV 2000
Tanzbeschreibung:	Herwig MILDE

Takt	Schlag	Richtung	Schritt	Beschreibung
				1. Figur - Zickzack nach rechts
1	1	↘	R, L$_X$	Schritt mit R diagonal nach re außen, Schritt mit L hinter R gekreuzt
	2		R	Schritt mit R diagonal nach re außen
2	1	↗	L	Schritt mit L diagonal nach re innen, R Fuß anheben dicht an L Wade
	2		w	nachfedern
3	1	↘	R, L$_X$	T. 1 und 2 noch 2x wiederholen …
	2		R	…
4	1	↗	L	…
	2		w	…
5	1	↘	R, L$_X$	…
	2		R	…
6	1	↗	L	…
	2		w	…
7	1	↔	R	Sprungschritt mit R vorwärts (im Knie federnd) dicht vor L
	2		L	Sprungschritt mit L vorwärts (im Knie federnd) dicht vor R
8	1		B	R Fuß dicht vor L aufsetzen (im Knie federnd)
	2		w	nachfedern
9	1		R	Schritt mit R vorwärts dicht an L Fußspitze (= 1/2 Fußlänge vorwärts, federnd)
	2		w	nachfedern
10	1		L	Schritt mit L vorwärts dicht an R Fußspitze (= 1/2 Fußlänge vorwärts, federnd)
	2		w	nachfedern
11	1		R	T. 9 - 10 wiederholen …
	2		w	…
12	1		L	…
	2		w	…

1. Figur wiederholen, dann Hände ab zur V-Fassung und zur Mitte wenden

2. Figur - Kreuzschritte am Platz
Achtung: Achtelzählung (1 + 2 +)!

Takt	Schlag	Richtung	Schritt	Beschreibung
1	1	⊓	**R^X !**	Akzent! Schritt mit R vor L gekreuzt
	+		L Pl	3 Schritte am Platz …
	2		R Pl	…
	+		L Pl	…

Kemene mi dränka

Takt	Schlag	Richtung	Schritt	Beschreibung
2	1		**R^x !**	Akzent! Schritt mit R vor L gekreuzt
	+		L Pl	2 Schritte am Platz ...
	2		R Pl	...
	+		**L^x !**	Akzent gegen Takt! Schritt mit L vor R gekreuzt
3	1		R Pl	3 Schritte am Platz ...
	+		L Pl	...
	2		R Pl	...
	+		**L^x !**	Akzent gegen Takt! Schritt mit L vor R gekreuzt
4	1		R Pl	4 Schritte am Platz ...
	+		L Pl	...
	2		R Pl	...
	+		L Pl	... und R Fuß vorbereiten für
5	1		R kl	Chlopka mit R
	+		-	
	2		L kl	Chlopka mit L
	+		-	
6	1		R Pl	4 Schritte am Platz ...
	+		L Pl	...
	2		R Pl	...
	+		L Pl	...
7	1		R kl	T. 5 - 6 wiederholen ...
	+		-	
	2		L kl	
	+		-	
8	1		R Pl	
	+		L Pl	
	2		R Pl	
	+		L Pl	
9	1		**R^x !**	T. 2, 4 und 5 wiederholen ...
	+		L Pl	...
	2		R Pl	...
	+		**L^x !**	...
10	1		R Pl	...
	+		L Pl	...
	2		R Pl	...
	+		L Pl	...
11	1		R kl	...
	+		-	...
	2		L kl	...
	+		-	...
12	1		R F	großer Schritt mit R zur Mitte (Ferse setzt auf)
	+		-	
	2		B	Füße schließen, Gewicht auf beide und Hände heben zur W-Fassung
	+	♂↻	-	und wieder nach re wenden ●

KREMENSKO HORO „A BRE JUNAČE"

Name: „Tanz aus Kremeno"

Herkunft: Dorf Kremeno/Smoljan, Rhodopen

Stil: Frauentanz aus dem Hochzeitsritual, Kreis der Freundinnen um die Braut, die in der Mitte steht, weiche, fließende Schritte, Handbewegungen!

Form: offener Solo-Kreis

Rhythmus: 7/8: ♪. ♪ ♪

Wert:	3	2	2
Zählung:	**1**	2	3

Quelle: Irena Staneva 2003

Tanzbeschreibung: Herwig MILDE

Takt	Schlag	Richtung	Schritt	Beschreibung	
				16 Takte Vorspiel	
				1. Figur (auf der Kreisbahn)	
1	**1**	⊢→	R,L	2 schnelle Schritte R beginnend vorwärts in Tanzrichtung re	beide Hände in Brusthöhe einwärts drehen
	2		R	2 langsamere Schritte vorwärts ...	beide Hände nach re, Handflächen nach unten
	3		L	...	
2	**1**		R,L	Schritte wie T. 1 ...	Hände wie T. 1 nach li
	2		R	...	
	3		L	...	
3-4				T. 1 – 2 wiederholen	
5				T. 1 wiederholen	
6-10				T. 1 – 5 wiederholen	
				2. Figur (kleiner Kreis)	
1	**1**	◯	R	über 4 Takte mit 12 kleinen, langsamen Schritten R beginnend einen kleinen Kreis links herum fast am Platz tanzen ...	Arme hängen herab
	2		L	...	
	3		R	...	
2	**1**		L	...	
	2		R	...	
	3		L	...	
3-4				Schritte wie T. 6 – 7	
5	**1**	⊓	R	Schritte wie T. 6, am Platz ...	
	2		L	...	
	3		R	...	
6	**1**	↑	L	6 Schritte L beginnend zur Mitte	Hände wie 1. Fig. T. 1 und 2
	2		R	...	
	3		L	...	
7	**1**		R	...	
	2		L	...	
	3		R	...	

Takt	Schlag	Richtung	Schritt	Beschreibung	
8	1	↕	L	9 Schritte L beginnend rückwärts nach außen	Hände wie zuvor
	2		R	...	
	3		L	...	
9	1		R	...	
	2		L	...	
	3		R	...	
10	1		L	...	
	2		R	...	
	3		L	...	
				3. Figur (instrumentales Zwischenspiel)	
1	1	↦	R	nach re wenden und 6 Schritte R beginnend vorwärts ...	Hände unten
	2		L	...	
	3		R	...	
2	1		L	...	
	2		R	...	
	3		L	...	
3	1	♂ ❑	R	zur Mitte wenden und Schritt mit dem R Fuß seitlich nach re	
	2		l ran	L Fuß ohne Gewicht an den R Fuß anstellen	
	3		-	Pause	
4	1		L	Schritt mit dem L Fuß seitlich nach li	
	2		r ran	R Fuß ohne Gewicht an den L Fuß anstellen	
	3		-	Pause	
				Die 3. Figur wird 4x ausgeführt (16 Takte) ●	

KRUŠARSKI DANEC

Name: „Danec (s.u.) aus dem Dorf Krušari" 30 km nördlich von Dobrič

Herkunft: Dobrudža

Stil: *Danec* (oder *Buenec*) ist ein Frühlingstanz, oft auch Mädchentanz vor dem Hochzeitsritual, wenn die Freundinnen der Braut diese besuchen, ein typischer Frauentanz aus der Dobrudža, der mit kleinen Schritten zusammen mit Schulterbewegungen (vor und zurück) getanzt wird.
Die zwei Figuren kontrastieren miteinander, tragen aber beide den Stil und Charakter des Tanzes der Dobrudža. *Danec* wird in der Dobrudža fast immer auf Lieder getanzt, im Einklang mit den musikalischen Phrasen.

Form: offener Kreis bzw. Reihe, V-Fassung

Rhythmus: 2/4: ♪ ♪ ♪ ♪

Quelle: Belčo Stanev 2001

Tanzbeschreibung: Herwig MILDE

Takt	Schlag	Richtung	Schritt	Beschreibung
				Vorspiel: 16 Takte
				Aufstellung und Handhaltung für die 1. Figur: hintereinander iTR re („Gänsemarsch"), li Hand im Kreuz, re Hand fasst li Hand der T'in vorn. Während des Danec-Schritts bewegt sich die li Schulter synchron mit den Schritten vor (mit R) und zurück (mit L).
				1. Figur
1	1	↦	R	**Danec-Schritt**: Schritt mit R **vorwärts** in Tanzrichtung re, Knie gestreckt und
	+		L	Schritt mit L vorwärts, Knie leicht gebeugt
	2		R	dto. ...
	+		L	...
2-6				T. 1 noch 5x wiederholen (= insgesamt 12 Danec-Schritte in Tanzrichtung)
7-9		↺		Hände loslassen, mit 6 Danec-Schritten einen **Kreis** zur Mitte und zurück zur Ausgangsposition ablaufen
10	1	↑	R	Hände fassen, 2 Danec-Schritte vorwärts **zur Mitte** ...
	+		L	...
	2		R	...
	+		L	...
11	1	↕	R	2 Danec-Schritte **rückwärts** ...
	+		L	...
	2		R	...
	+		L	...
12	1		R	Schritt mit R rückwärts
	+		w	nachfedern
	2		L	Schritt mit L rückwärts
	+		w	nachfedern
				Die 1. Figur wird 1x ausgeführt (= 12 Takte).
				2. Figur
1	1	↔	R	Schritt mit R vorwärts in Tanzrichtung
	+		l St	**stampfen** mit L neben R
	2		L	Schritt mit L vorwärts
	+		r St	**stampfen** mit R neben L

Takt	Schlag	Richtung	Schritt	Beschreibung
2	1	↻	R	Schritt mit R vorwärts und zur Mitte wenden
	+	☐	Lx	Schritt mit L hinter R **gekreuzt**
	2		R Pl	Schritt mit R am Platz
	+		-	Pause
3	1	↻	L	Schritt mit L vorwärts und halb nach re wenden
	+		r St	**stampfen** mit R neben L
	2	↻	R	in Pos. 1 Schritt mit R rückwärts nach außen, L Bein und Fuß gestreckt
	+		-	Pause
4	1	↻	L	T. 5 – 6 wiederholen ...
	+		r St	...
	2	↻	R	...
	+		-	..., nach links wenden und
5	1	↔	L	T. 1 – 8 gegengleich wiederholen ...
	+		r St	...
	2		R	...
	+		l St	...
6	1	↻	L	...
	+	☐	Rx	...
	2		L Pl	...
	+		-	...
7	1	↻	R	...
	+		l St	...
	2	↻	L	...
	+		-	...
8	1	↻	R	...
	+		l St	...
	2	↻	L	...
	+		-	...

Die 2. Figur wird 1x ausgeführt (= 8 Takte).

Abfolge: 1 - 2 - 1 - 2 ... ●

MALIŠEVSKO

Name:	auch „Maleševsko" - „Tanz aus Maleševo" (Gegend in Ostmakedonien, nahe der makedonisch-bulgarischen Grenze)
Herkunft:	Pirin
Stil:	lebhaft
Form:	gemischter, offener Kreis, V-Fassung; die Arme schwingen ständig auf Z. 1 vor und auf Z. 2 zurück.
Rhythmus:	2/4
Quelle:	Irena STANEVA 2003
Tanzbeschreibung:	Herwig MILDE

Takt	Schlag	Richtung	Schritt	Beschreibung
				Vorspiel: Gajda-Solo rubato, dann 4 Takte Trommel-Solo
				1. Figur
1	1	↔	R	**Schritt** mit R vorwärts nach re
	2		L	**Schritt** mit L vorwärts
2	1		R, L	**3 schnelle, kleine Schritte** R beginnend ...
	2		R	...
3	1		L, R	**3 schnelle, kleine Schritte** L beginnend ...
	2		L	...
4	1	↻	R	Schritt mit R vorwärts und zur Mitte wenden
	2		I^X	L Fuß kreuzt vor dem R Bein in der Luft
5	1	↩	L	Schritt mit L **seitlich** nach li
	2		R$_x$	Schritt mit R hinter L **gekreuzt**
6	1		L	Schritt mit L **seitlich** nach li
	2		r^X	R Fuß kreuzt vor dem L Bein in der Luft
				Die 1. Figur wird 4x ausgeführt
				2. Figur Teil A (Gesang) (T. 1 - 3 wie 1. Figur T. 1 - 3:)
1	1	↔	R	**Schritt** mit R vorwärts nach re
	2		L	**Schritt** mit L vorwärts
2	1		R, L	3 schnelle, kleine Schritte R beginnend ...
	2		R	...
3	1		L, R	3 schnelle, kleine Schritte L beginnend ...
	2		L	...
4	1	↶	R	Schritt mit R vorwärts und nach li wenden
	2		I ran	Füße schließen
5	1	↔	L	Schritt mit L vorwärts nach li
	2		R	Schritt mit R vorwärts nach li
6	1	↻	L	Schritt mit L vorwärts nach li und zur Mitte wenden
	2		r^X	R Fuß kreuzt vor dem L Bein in der Luft
7	1	▢	R, L	am Platz: 3 schnelle Schritte mit R beginnend ...
	2		R	...
8	1		L, R	... und 3 schnelle Schritte mit L beginnend ..
	2		L	...

Takt	Schlag	Richtung	Schritt	Beschreibung

2. Figur Teil B (Gesang)
T. 1 - 4 wie 1. Figur T. 1 - 4:

Takt	Schlag	Richtung	Schritt	Beschreibung
1	1	↩→	R	**Schritt** mit R vorwärts nach re
	2		L	**Schritt** mit L vorwärts
2	1		R, L	3 schnelle, kleine Schritte R beginnend ...
	2		R	...
3	1		L, R	3 schnelle, kleine Schritte L beginnend ...
	2		L	...
4	1	⟳	R	Schritt mit R vorwärts und zur Mitte wenden
	2		lˣ	L Fuß kreuzt vor dem R Bein in der Luft
5	1	←↩	L	Schritt mit L vorwärts nach li
	2		R	Schritt mit R vorwärts nach li
6	1	⟲	L	Schritt mit L vorwärts nach li und zur Mitte wenden
	2	⊡	r ↑	R Fuß gestreckt vorwärts schwingen
7	1		B	Füße schließen *Arme schwingen nicht mehr*
	2		-	Pause
8	1		B gr	in die Grätsche springen
	2		L / rˣ	auf L springen und R Fuß in der Luft vor dem L Bein kreuzen
9	1	↳→	R, L ran	Schritt mit R seitlich nach re und Schritt mit L neben R
	2		R Pl	Schritt mit R neben L
10	1	←↵	L, R ran	Schritt mit L seitlich nach re und Schritt mit R neben L
	2		L Pl	Schritt mit L neben R

2. Figur Teil B wird 2x ausgeführt

**1. Figur (4x),
2. Figur Teil A (1x),
2. Figur Teil B (2x)
2x wiederholen**

Darauf folgt eine Gajda-Solo-Improvisation; auf diese wird

4x die 1. Figur getanzt und anschließend auf 2 Takte eine Drehung im UZS:

Takt	Schlag	Richtung	Schritt	Beschreibung
1	1	◯	R, L	
	2		R	
2	1		L, R	
	2		L	

**dann 1. Figur (4x),
2. Figur Teil A (1x),
2. Figur Teil B (2x) wiederholen** ●

MALKA MOMA SE MOLEŠE

	Name:	„Ein junges Mädchen betete" (erste Zeile des Liedes)
	Herkunft:	Rhodopen
	Stil:	sehr ruhig
	Form:	offener Kreis, W-Fassung
	Rhythmus:	2/4
	Quelle:	Irena STANEVA 2003
Tanzbeschreibung:		Herwig MILDE

Takt	Schlag	Richtung	Schritt	Beschreibung
				Vorspiel (11 Takte)
1-9				Pause
10	1	⃞	R	Schritt mit dem R-Fuß seitlich nach re, L-Fuß bleibt an seinem Platz (wiegen nach re)
	2		w	nachfedern
11	1		L	wiegen nach li
	2	↻	w	nachfedern und nach re wenden
				1. Figur (8 Takte)
1	1	↔	R	Schritt mit dem R-Fuß vorwärts in Tanzrichtung
	2		w	nachfedern
2	1		L	Schritt mit dem L-Fuß vorwärts
	2	↻	w	nachfedern und zur Mitte wenden
3	1	↦	R	Schritt mit dem R-Fuß seitlich nach re
	2		Lx	Schritt mit dem L-Fuß hinter dem R-Fuß gekreuzt
4	1		R	Schritt mit dem R-Fuß seitlich nach re
	2		Lx	Schritt mit dem L-Fuß hinter dem R-Fuß gekreuzt
5	1	↑	R	2 Schritte R beginnend vorwärts zur Mitte ...
	2		L	...
6	1	↕	R	2 Schritte rückwärts ...
	2		L	... und R Knie heben
7	1	⃞	r	R-Ferse ruhig neben L-Fuß setzen
	2		Kn	R-Knie heben
8	1		r	R- Ferse ruhig neben L-Fuß setzen
	2		-	Pause
				1. Figur T. 1 – 8 noch 3x wiederholen (= insgesamt 32 Takte).
				2. Figur (16 Takte)
1	1	↔	R	Schritt mit dem R-Fuß vorwärts in Tanzrichtung
	2		w	nachfedern und L-Fuß bis in Wadenhöhe heben
2	1		L	2 Schritte vorwärts ...
	2		R	...
3	1		L	wie T. 1 gegengleich ...
	2		w	...
4	1		R	...
	2		L	...

Takt	Schlag	Richtung	Schritt	Beschreibung
5-12				T. 1 – 4 noch 2x wiederholen
13-14				T. 1 – 2 wiederholen
15	1	↑	L	Schritt mit dem L-Fuß zur Mitte
	2		-	Pause
16	1		r ran	R-Fuß anstellen
	2		-	Pause
				Übergang (3 Takte)
1				Pause
2	1	⬛	R	wie Vorspiel T. 10 – 11: Schritt mit dem R-Fuß seitlich nach re, L-Fuß bleibt an seinem Platz (wiegen nach re)
	2		w	nachfedern
3	1		L	wiegen nach li
	2		w	nachfedern
				3. Figur
1	1	↦	R	Schritt mit dem R-Fuß seitlich nach re
	2		w	nachfedern
2	1		L^x	Schritt mit dem L-Fuß vor dem R-Fuß gekreuzt
	2		w	nachfedern
3	1		R	Schritt mit dem R-Fuß seitlich nach re
	2		L ran	Nachstellschritt mit dem L-Fuß
4	1		R	T. 3 wiederholen ...
	2		L ran	...
5-8				T. 1 – 4 wiederholen
9	1	↑	R	Schritt mit dem R-Fuß vorwärts zur Mitte
	2		w	nachfedern
10	1		L	Schritt mit dem L-Fuß vorwärts
	2		w	nachfedern
11	1		R	3 Schritte R beginnend zur Mitte ...
	2		L	...
12	1		R	... (Stop)
	2	↕	L	Schritt mit dem L-Fuß rückwärts
13	1		R	3 langsame Schritte rückwärts und nachfedern ...
	2		w	...
14	1		L	...
	2		w	...
15	1		R	...
	2		w	...
16	1		l ran	L-Fuß anstellen
	2		-	Pause
				3. Figur T. 1 – 16 wiederholen (= insgesamt 32 Takte)
				wiederholen: 2. Figur (16 Takte),
				Übergang (3 Takte),
				1. Figur (32 Takte) ●

MARI MARIJKO

Name:	„He, Mariechen" (1. Zeile des Liedes)
Herkunft:	Rhodopen
Stil:	ruhig, zurückhaltend
Form:	gemischter, offener Kreis, W-Fassung
Rhythmus:	2/4
Quelle:	Yves MOREAU, Jaap LEEGWATER
Tanzbeschreibung:	Herwig MILDE

Takt	Schlag	Richtung	Schritt	Beschreibung
				Vorspiel: 8 Takte
				1. Figur (Gesang) - 16 Takte
1	1	↩→	R	4 Schritte R beginnend vorwärts nach re ...
	2		L	...
2	1		R	...
	2	↻	L	... und zur Mitte wenden
3	1	↳→	R	Schritt mit R seitlich nach re, Knie leicht beugen
	2		-	
4	1		Lx	Schritt mit L hinter R gekreuzt, Knie leicht beugen
	2		-	
5-8				T. 1 - 4 wiederholen
9	1	↩→	R	3 Schritte R beginnend vorwärts nach re ...
	2		L	...
10	1	↻	R	... Knie leicht beugen und zur Mitte wenden
	2		-	
11	1	↳→	Lx	Schritt mit L hinter R gekreuzt, Knie leicht beugen
	2		-	
12-14				T. 9 - 11 wiederholen
15	1	▭	R →	Schritt mit R seitlich nach re, der L Fuß bleibt an seinem Platz
	2		-	
16	1		L ←	Gewicht auf L verlagern, R Fuß bleibt an seinem Platz
	2		-	
				1. Figur wiederholen
				2. Figur (instrumental) - 8 Takte
1	1	↑	R	5 Schritte R beginnend vorwärts zur Mitte ...
	2		L	...
2	1		R	...
	2		L	...
3	1		R	... Knie leicht beugen
	2		-	
4	1		L	Schritt mit L vorwärts, Knie leicht beugen
	2		-	

Takt	Schlag	Richtung	Schritt	Beschreibung
5	1	↕	R	T. 1 - 4 rückwärts wiederholen ...
	2		L	...
6	1		R	...
	2		L	...
7	1		R	...
	2		-	...
8	1		L	...
	2		-	... ●

MOMINO HORO

Name:	„Mädchentanz"		
Herkunft:	Rhodopen		
Stil:	ruhig, sehr schwaches Federn im Sprunggelenk		
Form:	offener gemischter Kreis in V-Fassung		
Rhythmus:	2/4		
Quelle:	Belčo STANEV 2003		
Tanzbeschreibung:	Herwig MILDE		

Takt	Schlag	Richtung	Schritt	Beschreibung	
				Vorspiel: 17 Takte	
				1. Figur (vorwärts im Kreis)	
1	1	↔	R	langsamer Schritt mit R vorwärts nach re	
	2		-		
2	1		L	2 schnellere Schritte L beginnend vorwärts ...	
	2		R	...	
3	1		L	T. 1 - 2 gegengleich wiederholen ...	
	2		-	...	
4	1		R	...	
	2	↻	L	... und zur Mitte wenden	
5	1		R	Schritt mit R seitlich nach re, im Sprunggelenk L anheben	
	2	⊡	Lˣ	Schritt mit L vor R gekreuzt, leichtes Plié	
6	1		R Pl	langsamer Schritt mit R zurück zum Platz	
	2		l	L beschreibt in der Luft einen Bogen nach links	
7	1		L Pl	langsamer Schritt mit L am Platz	
	2		r	R kreuzt in der Luft vor L	
8	1		R Pl	Schritt mit R am Platz	
	2		L Pl	Schritt mit L am Platz	
9-16				T. 1 - 8 wiederholen	
17	1	↑	R	langsamer Schritt mit R vorwärts,	Hände schwingen vor
	2		-		
18	1		l ran	L anstellen	
	2		-		
19	1	↕	L	langsamer Schritt mit L zurück,	Hände zurück zur V-Pos.
	2		-		
20	1		r ran	R anstellen	
	2		-		
				2. Figur (Zopf)	
1	1	⊡	R →	Schritt mit R etwas seitlich nach re	
	2		Lₓ	Schritt mit L hinter R gekreuzt	
2	1	↑	R	Schritt mit R zur Mitte	
	2		-	Pause	

Takt	Schlag	Richtung	Schritt	Beschreibung
3	1		L	Schritt mit L vor R
	2		-	Pause
4	1	↕	R Pl	Schritt mit R zurück zum Platz
	2		-	Pause
5	1		l	**Zopf**: große Bewegung mit L vorn in der Luft vor und im Bogen
	2		-	nach li zur Seite und nach hinten
6	1		L	Schritt mit L rückwärts
	2		-	Pause
7	1		r	**Zopf** R ...
	2		-	...
8	1		R Pl	Schritt mit R am Platz
	2		L Pl	Schritt mit L am Platz

die 2. Figur wird 2x getanzt (= 16 Takte) ●

NEVESTO CĂRVEN TRENDAFIL

Name:	„Frau, rote Rose" (Liedanfang)
Herkunft:	Pirin
Stil:	ruhig, ausgeprägt federnd
Form:	gemischte Reihe, W-Fassung

Rhythmus: 11/16: ♪. ♪ ♪ ♪ ♪

Wert:	3	2	2	2	2
Zählung:	**1**	2	3	4	5

Quelle: Yves MOREAU 2013

Tanzbeschreibung: Herwig MILDE

Takt	Schlag	Richtung	Schritt	Beschreibung
				Vorspiel: 8 Takte ohne Gesang
1	**1**	↗	R	halb nach re gewandt Schritt mit R diagonal nach re vorwärts
	2		L^X	Schritt mit L vor R gekreuzt
	3		w	federn
	4		R	Schritt mit R diagonal nach re vorwärts
	5		L^X	Schritt mit L vor R gekreuzt
2	**1**	↕	R	zur Mitte wenden und Schritt mit R rückwärts
	2		L	Schritt mit L rückwärts
	3		w	federn
	4		R	Schritt mit R rückwärts
	5		L Pl	Schritt mit L neben R am Platz
3	**1**	↑	R	Schritt mit R vorwärts zur Mitte
	2		L	Schritt mit L vorwärts zur Mitte
	3			
	4		B	R neben L aufsetzen, Gewicht auf beiden Füßen, federn
	5		w	federn
4	**1**	↕	R	T. 3 rückwärts wiederholen ...
	2		L	...
	3			...
	4		B	...
	5		w	... ●

OVDOVJALA LISIČKATA

Name: „Die Füchsin wurde Witwe" (Liedanfang)

Herkunft: Nordbulgarien

Stil: lebhaft, elastisch, energisch; alle Schritte sind Laufschritte, Sprünge oder Hüpfer

Form: gemischter offener Kreis, V-Fassung

Rhythmus: 2/4

Quelle: Julian STANEV 2006

Tanzbeschreibung: Herwig MILDE

Takt	Schlag	Richtung	Schritt	Beschreibung
				1. Figur (Gesang)
1	1	↔	R	nach re gewandt 6 Laufschritte R beginnend vorwärts nach re (R leicht betont, Schultern pendeln locker vor und zurück) ...
	+		L	...
	2		R	...
	+		L	...
2	1		R	...
	+		L	...
	2		R!	Schritt mit R vorwärts (leichter Akzent)
	+		h	hüpfen auf R
3	1		L	Schritt mit L vorwärts
	+		h	hüpfen auf L
	2		R	Schritt mit R vorwärts
	+		h	hüpfen auf R
4	1		L	Schritt mit L vorwärts
	+		h	hüpfen auf L
	2		R	3 Schritte R beginnend vorwärts ...
	+		L	...
5	1		R	...
	+		h	hüpfen auf R
	2		L	Schritt mit L vorwärts
	+		h	hüpfen auf L
				Die 1. Figur wird 2x getanzt. Zum Schluß zur Mitte wenden.
				2. Figur (instrumental)
1	1	↑	R	4 Laufschritte R beginnend zur Mitte ...
	+		L	...
	2		R	...
	+		L	...
2	1	→	R, L	Schritt mit R seitlich nach re und Schritt mit L dicht neben R
	+		R Pl	Schritt mit R am Platz
	2	←	L, R	Schritt mit L seitlich nach li und Schritt mit R dicht neben L
	+		L Pl	Schritt mit L am Platz

Takt	*Schlag*	*Richtung*	*Schritt*	*Beschreibung*
3	1	└→	R	Schritt mit R seitlich nach re
	+		L_x	Schritt mit L hinter R gekreuzt
	2		h / r	hüpfen auf L und Kick mit R nach vorn
	+		R Pl	Schritt mit R am Platz
4	1		L_x	Schritt mit L hinter R gekreuzt
	+		h / r	hüpfen auf L und Kick mit R nach vorn
	2	⍊	B	Sprung auf beide Füße, sofort abfedern und
	+		L / r	Sprung auf L, gleichzeitig R gestreckt vorn hochnehmen
5	1		R^X / l_x	Sprung auf R vor L gekreuzt, dabei L hinter R-Kniekehle heben
	+		L Pl	Sprung auf L am Platz
	2		R Pl	Sprung auf R am Platz, L vor schwingen
	+		L^X / r_x	Sprung auf L vor R gekreuzt, dabei R hinter L-Kniekehle heben
6	1		**R_x!**	Sprung auf R hinter L gekreuzt (**Akzent!**)
	+		L Pl	Sprung auf L neben R
	2		rF	R-Ferse setzt vorn auf, Knie gestreckt
	+		w	nachfedern
7	1	↑	R	Laufschritt mit R vorwärts
	+		h	hüpfen auf R
	2		L	Laufschritt mit L vorwärts
	+		h	hüpfen auf L
8	1	↓	R	4 Laufschritte R beginnend rückwärts ...
	+		L	...
	2		R	...
	+		L	...

Wiederbeginn mit 1. Figur, alles 3x wiederholen

Finale

	1	↑	R	4 Laufschritte R beginnend zur Mitte ...
	+		L	...
	2		R	...
	+		L	...
	1	⍊	R, L	3 schnelle Schritte R beginnend am Platz ...
	+		R Pl	...
	2		L Sp	Sprung auf L am Platz
	+		r St	Stampf mit R neben L ●

PAJDUŠKO

Name: „Hinketanz", wegen der zwei ungleichen Taktteile (2 : 3)

Herkunft: Nordbulgarien, wird in ganz Bulgarien getanzt.

Stil: federnd, leicht, munter.

Form: gemischte Aufstellung, offener Kreis, W-Fassung.

Rhythmus: 5/16: ♪ ♪.

Wert:	2	3
Zählung:	1	2

Quelle: Boris VÂLKOV und Belčo STANEV 1982

Tanzbeschreibung: Herwig Milde

Takt	Schlag	Richtung	Schritt	Beschreibung	
				Während T. 1 – 5 federn die Ellbogen rhythmisch mit dem 5/16-Takt abwärts	
1	1	◇	L h	**hüpfen** auf L	
	2	↔	R	**Schritt** mit R vorwärts in Tanzrichtung	
2	1		R h	...	
	2		L	...	
3	1		L h	T. 1 – 2 wiederholen ...	
	2		R	...	
4	1		R h	...	
	2	↻	L	... und nach links wenden	
5	1	↔	R^X	**Pajduška** nach li: leicht angesprungener	Hände vor + abwärts
				Schritt mit R vor L gekreuzt	Ellbogen bleiben gestreckt bis T. 8
	2		L	kleinerer Schritt mit L	Hände vor
				etwas hinter R	
6	1		R^X	T. 1 noch 2x wiederholen ...	Hände abwärts
	2		L	...	Hände vor
7	1		R^X	...	Hände abwärts
	2		L	...	Hände zur W-Fassung heben
8	1		R^X	...	Hände abwärts
	2	↻	L	...	Hände zur W-Fassung heben
9	1	☐	L h	zur Mitte gewandt:	
				hüpfen auf L	Hände vor + abwärts
	2		R Pl	**Schritt** mit R am Platz	Hände unten n. hinten
10	1		L^X	Schritt mit L vor R **gekreuzt**	Hände zur W-Fassung heben
	2		R Pl	Schritt mit R am Platz	
11	1		R h	**hüpfen** auf R	Hände vor + abwärts
	2		L Pl	**Schritt** mit L am Platz	Hände unten n. hinten
12	1		R^X	Schritt mit R vor L **gekreuzt**	Hände zur W-Fassung heben
	2		L Pl	Schritt mit L am Platz	
13	1		R ↗	R Fuß mit gestrecktem Knie mit Gewicht	Hände vor + abwärts
				diagonal **re vorn** aufsetzen	Ellbogen bleiben gestreckt bis T. 14
	2		L Pl	Schritt mit L am Platz	Hände etwas heben
14	1		r ↖	R Fuß mit gestrecktem Knie mit Gewicht	Hände vor + abwärts
				diagonal **li vorn** aufsetzen	
	2		L Pl	Schritt mit L am Platz	Hände zur W-Fassung heben
15	1		h	**Zopf**: hüpfen auf L	Hände bleiben oben
	2	↕	Rx	Schritt mit R hinter L gekreuzt	
16	1		h	hüpfen auf R	
	2		Lx	Schritt mit L hinter R gekreuzt ●	

PETRUNINO

Name:	„Petrunas Tanz"
Herkunft:	Šopluk
Stil:	lebhaft, energisch
Form:	offener Kreis, Gürtelfassung
Rhythmus:	7/8 [1]: ♩ ♩ ♩.
Quelle:	Irena Staneva 2003
Tanzbeschreibung:	Herwig MILDE

Wert:	2	2	3
Zählung:	1	2	3

Takt	Schlag	Richtung	Schritt	Beschreibung
				Vorspiel: 2 Takte
				1. Figur - vorwärts (8 Takte)
		◇		Vorbereitung: R-Knie und L-Ferse (Standbein) anheben.
1	1		R!	Schritt[2] mit R am Platz (Akzent!)
	2		w	nachfedern auf R
	+	↪	L	Schritt mit L vorwärts in Tanzrichtung
	3		R	Schritt mit R vorwärts
	+		L	Schritt mit L vorwärts
2	1		R!	T. 1 2x wiederholen ...
	2		w	...
	+		L	...
	3		R	...
	+		L	...
3	1		R!	...
	2		w	...
	+		L	...
	3		R	...
	+		L	...
4	1	↻	R ↓	**Sovalka**: zur Mitte wenden und Schritt mit R rückwärts, L-Fuß bleibt mit der Spitze am Boden und dreht die Ferse einwärts
	2	↩	L	Schritt mit L seitwärts nach li
	+		Rx	Schritt mit R hinter L gekreuzt
	3		L	Schritt mit L seitwärts nach li
	+		Rx	Schritt mit R hinter L gekreuzt, L-Fuß heben
5	1		w/l! tip	nachfedern und gleichzeitig energische Berührung des Bodens vorn mit der L-Fußspitze (**Akzent!**)
	2		w	nachfedern
	+		L Pl	3 Schritte L beginnend am Platz ...
	3		R Pl	...
	+		L Pl	... und R-Fuß nach hinten anheben

---

[1] Die tänzerische Umsetzung des 7/8-Taktes erfolgt beim *Petrunino* meist in dem rhythmischen Muster
♩ ♪ ♪ ♪ ♩ mit dem Hauptakzent auf dem ersten Viertel und dem Nebenakzent auf dem dritten Achtel. Daher die Zählweise „1 2 + 3 +".

[2] Genauer: Sprung auf beide Füße (nachdem der Körper bereits in der Vorbereitung angehoben ist) und sofort Übernahme des Gewichts auf R.

Takt	Schlag	Richtung	Schritt	Beschreibung
6	1	↺	w / r ↖	nach li wenden und **Kick** mit R diagonal nach li, gleichzeitig im Standbein nachfedern
	2		w	nachfedern
	+	↔	R^X	Schritt mit R vor L gekreuzt
	3		L	Schritt mit L
	+		R^X	Schritt mit R vor L gekreuzt und nach re wenden
7	1	↻	w / l ↗	wie T. 6 gegengleich ...
	2		w	...
	+	↔	L^X	...
	3		R	...
	+		L^X	...
8	1	◇	**R!**	Schritte wie T. 1, am Platz, ...
	2		w	...
	+		L	...
	3	↻	R	und zur Mitte wenden...
	+		L	...

Zwischenspiel (2 Takte)

Takt	Schlag	Richtung	Schritt	Beschreibung
1	1	↑	**R!**	Schritte wie T. 1, Bewegung zur Mitte ...
	2		w	...
	+		L	...
	3		R	...
	+		L	...
2	1	↕	**R!**	und zurück nach außen ...
	2		w	...
	+		L	...
	3		R	...
	+		L	...

2. Figur - Kick überkreuz (8 Takte)

Takt	Schlag	Richtung	Schritt	Beschreibung
1	1	↺	w / r ↖	(wie 1. Fig. T. 6-7) nach li wenden und **Kick** mit R diagonal nach li, gleichzeitig im Standbein nachfedern
	2		w	nachfedern
	+	↔	R^X	Schritt mit R vor L gekreuzt
	3		L	Schritt mit L
	+		R^X	Schritt mit R vor L gekreuzt und nach re wenden
2	1	↻	w / l ↗	wie T. 1 gegengleich ...
	2		w	...
	+	↔	L^X	...
	3		R	...
	+		L^X	...
3	1	↻	**R↓**	(wie 1. Fig., T. 4-5) **Sovalka**: zur Mitte wenden und Schritt mit R rückwärts, L-Fuß bleibt mit der Spitze am Boden und dreht die Ferse einwärts
	2	↩	L	Schritt mit L seitwärts nach li
	+		R$_x$	Schritt mit R hinter L gekreuzt
	3		L	Schritt mit L seitwärts nach li
	+		R$_x$	Schritt mit R hinter L gekreuzt, L-Fuß heben

Takt	Schlag	Richtung	Schritt	Beschreibung
4	1	⬜	**I tip**	energische Berührung des Bodens mit der L-Fußspitze (**Akzent!**)
	2		w	nachfedern
	+		L	3 Schritte L beginnend am Platz ...
	3		R	...
	+		L	...
5	1	↑	**R^X**	**Zopf vorwärts**: angesprungener Schritt (wie 1. Fig., T. 1, Z. 1) mit R vorwärts
	2		w	nachfedern
	+		L^X	Schritt mit L vor R gekreuzt
	3		w	nachfedern
	+		R^X	Schritt mit R vor L gekreuzt
6	1	I↗	**Tritt** in die Luft mit L vor R
	2		w	nachfedern
	+	↕	L	3 Schritte mit L beginnend rückwärts ...
	3		R	...
	+		L	...
7	1	⬜	**R!**	(wie 1.Fig, T. 1) Schritt mit R am Platz (Akzent!)
	2		w	nachfedern
	+		L Pl	3 Schritte L beginnend am Platz ...
	3		R Pl	...
	+		L Pl	...
8	1		**R!**	wie T. 7 ...
	2		w	...
	+		L Pl	...
	3		R Pl	...
	+		L Pl	...

3. Figur (8 Takte)

Takt	Schlag	Richtung	Schritt	Beschreibung
1	1	↔	R	(wie 1. Fig., T. 1) angesprungener Schritt mit R am Platz (**Akzent!**)
	2		w	nachfedern auf R
	+		L	Schritt mit L vorwärts in Tanzrichtung
	3		R	Schritt mit R vorwärts
	+		L	Schritt mit L vorwärts
2-4				T. 1 noch 3X wiederholen
5		↑		T. 1 zur Mitte wiederholen
6		⬜		T. 1 am Platz wiederholen
7		↕		T. 1 rückwärts wiederholen
8		⬜		T. 1 am Platz wiederholen

Abfolge: 1 - Z - 2 - 3 -
           1 - Z - 2 - 3 -
           1 - Z - 2 - 3 -
           1 - Z - 2 - 3 ●

POLEGNALA E TODORA

Name:	„Todora legte sich" (Liedanfang)	
Herkunft:	Thrakien, Bulgarien	
Stil:	sehr ruhig und behutsam	
Form:	offener Kreis, V-Fassung	
Rhythmus:	11/8: ♩ ♩ ♩. ♩.[1]	
Quelle:	Belčo Stanev 2008	
Tanzbeschreibung:	Herwig Milde	

Wert:	2	2	3	4
Zählung:	1	2	**3**	**4**

Takt	Schlag	Richtung	Schritt	Beschreibung
				1. Figur
1	1	↳	R	zur Mitte gewandt Schritt mit R seitlich nach re
	2		L ran	Schritt mit L neben R
	3		R	Schritt mit R seitlich nach re
	4		l ran	L neben R aufsetzen (ohne Gewicht)
3	1	↵	L	T. 1 gegengleich wiederholen …
	2		R	…
4	**3**		L	…
	4		r ran	…
5	1	↳	R	Schritt mit R seitlich nach re
	2		Lx	Schritt mit L hinter R gekreuzt
6	**3**	↻	R	Schritt mit R seitlich nach re und nach re wenden
	4		L	Schritt mit L vorwärts nach re
7	1		R	4 weitere Schritte R beginnend vorwärts …
	2		L	…
8	**3**		R	…
	4		L	… [2] ●

---

[1] Rhythmus: kurz - kurz - lang - länger

[2] Achtung! Letzter Schritt manchmal stark verzögert, besonders am Ende des Tanzes.

PRAVO HORO

Name:	„Gerader Tanz"
Herkunft:	Bulgarien, wird überall getanzt
Stil:	schlicht, leicht im Knie federnd
Form:	gemischte Reihe, W-Fassung
Rhythmus:	2/4
Quelle:	Belčo STANEV 1981 u.v.a.
Tanzbeschreibung:	Herwig Milde

Takt	Schlag	Richtung	Schritt	Beschreibung
				Grundform
1	1	↳→	R	2 schnelle Schritte mit R beginnend L hinter R gekreuzt seitlich nach re ...
	2		Lˣ	...
2	1		R	langsamer Schritt mit R seitlich nach re
	2		-	
3	1		Lₓ	langsamer Schritt mit L hinter R gekreuzt
	2		-	
				Variante
1	1	↗	R	2 schnelle Schritte mit R beginnend diagonal nach re vorwärts ...
	2		L	...
2	1		R	2 langsame Schritte mit R beginnend diagonal nach re vorwärts ...
	2		-	...
3	1		L	...
	2		-	
4	1	↘	R	2 schnelle Schritte mit R beginnend diagonal nach re rückwärts ...
	2		L	...
5	1		R	2 langsame Schritte mit R beginnend diagonal nach re rückwärts ...
	2		-	...
6	1	↕	L	...
	2		-	●

PUSTONO LUDO I MLADO

Name: „Der verflixte Junge" (Liedanfang)

Herkunft: Rhodopen

Stil: ruhig, schnörkellos

Form: gemischte Reihe, W-Fassung

Rhythmus: 2/4

Quelle: Yves MOREAU, Eddy TIJSSEN, Dimitâr DOJČINOV (Choreograph, Plovdiv)

Tanzbeschreibung: Herwig MILDE

Takt	Schlag	Richtung	Schritt	Beschreibung
				1. Figur
1	1	⤷	R	Schritt mit R seitlich nach re
	2		L^X	Schritt mit L vor R gekreuzt
2	1		R	Schritt mit R seitlich nach re
	2		L$_X$	Schritt mit L hinter R gekreuzt
3	1		R	Schritt mit R seitlich nach re
	2		l tip	L berührt mit der Spitze den Boden neben R
4	1	⤶	L	kleiner Schritt mit L etwas seitlich nach li
	2		r tip	R berührt mit der Spitze den Boden neben L
5-16				T. 1 - 4 noch 3x wiederholen
				2. Figur
1	1	↑	R	3 Schritte R beginnend vorwärts zur Mitte ...
	2		L	...
2	1		R	...
	2		w	federn, L leicht anheben
3	1	↕	L	T. 1 rückwärts wiederholen ...
	2		R	...
4	1		L	...
	2		w	...
5	1	⬚	R Pl	Schritt mit R am Platz, Arme über T. 5 - 6 senken zur V-Haltung
	2		l St	mit L am Platz neben R leicht stampfen, ohne Gewicht
6	1		L Pl	Schritt mit L am Platz
	2		r St	mit R am Platz neben L leicht stampfen, ohne Gewicht
7	1		R St	2 Stampfschritte am Platz R beginnend ...
	2		L St	... Arme über T. 7 - 8 heben zur W-Haltung
8	1		r St	mit R am Platz neben L leicht stampfen, ohne Gewicht
	2		-	
9-16				T 1 - 8 wiederholen
				3. Figur
1	1	↗	R	halb nach re gewandt Schritt mit R diagonal nach re vorwärts
	2		h	hüpfen auf R
2	1		L	Schritt mit L diagonal nach re
	2	↻	h	hüpfen auf L und halb nach li wenden

Takt	Schlag	Richtung	Schritt	Beschreibung
3	1	↘	R	4 Schritte R beginnend diagonal nach re außen, Hände in V-Haltung ...
	2		L	...
4	1		R	...
	2	◌	L	...
5-12				T. 1 - 4 noch 2x wiederholen, Hände abwechselnd in W- und V-Haltung
13	1	↑	R	3 Schritte R beginnend vorwärts zur Mitte, Hände in W-Haltung ...
	2		L	...
14	1		R	...
	2		w	federn, L leicht anheben
15	1	↕	L	T. 1 rückwärts wiederholen ...
	2		R	...
16	1		L	...
	2		w	... ●

RĂKA - „DVA SA ZMEJA"

Name: „Hand" von bg. *ръка/räka* wegen der typischen, ausgeprägten Handbewegungen

Herkunft: Dobrudža

Stil: solider Bodenkontakt, federnd, häufiges Stampfen, dazu synchron Handbewegungen

Form: gemischte Reihe, W- und V-Fassung

Rhythmus: 2/4[1]

Quelle: Julian STANEV 2003

Tanzbeschreibung: Herwig MILDE

Takt	Schlag	Richtung	Schritt	Beschreibung
				1. Figur: Zickzack nach re und li
1	1	⟷	R	Schritt mit R nach re, Hände in W-Haltung
	+		-	
	2		L^X	Schritt mit L vor R gekreuzt — Hände vor und abwärts
	+		-	
2	1	↷	R	Schritt mit R nach re und halb nach li wenden, Hände hoch zur W-Haltung
	+		L$_x$	Schritt mit L hinter R gekreuzt
	2		R	Schritt mit R seitlich nach re
	+		l St ↑	stampfen mit L neben R
3	1		l St ↖	stampfen mit L neben R, Fuß etwas nach li gedreht
	+		-	
				gegengleich nach li wiederholen:
	2	⟷	L	
	+		-	
4	1		R^X	
	+		-	
	2	↶	L	
	+		R$_x$	
5	1		L	
	+		r St ↑	
	2		r St ↗	
	+		-	
6-10				T. 1 - 5 wiederholen

---

[1] Die 2. Figur enthält einen Dreivierteltakt.

Takt | Schlag | Richtung | Schritt | Beschreibung

2. Figur: kurzes Zwischenspiel

Takt	Schlag	Richtung	Schritt	Beschreibung
1	1	⬒	R Pl	Schritt mit R am Platz, Knie **gestreckt**, auf dem Vorfuß, Ferse angehoben
	+		l St	beide Knie im **Plié**, **Stampf** mit L neben R
	2		L Pl	Schritt mit L am Platz, Knie gestreckt, auf dem Vorfuß, Ferse angehoben
	+		r St	beide Knie im Plié, Stampf mit R neben L
2	1		R Pl	T. 1 wiederholen ...
	+		l St	...
	2		L Pl	...
	+		r St	...
	3		r St	und noch ein zweites Mal stampfen mit R
	+		-	Pause

1. Figur wiederholen

3. Figur: langes Zwischenspiel
federnde Schritte auf dem Vorfuß, Front zur Mitte, Hände unten:

Takt	Schlag	Richtung	Schritt	Beschreibung	
1	1	⌐→	R	Schritt mit R nach re,	Hände schwingen vor
	+		-		
	2		L^X	Schritt mit L vor R gekreuzt	Hände zurück
	+		-		
2	1		R	Schritt mit R nach re,	Hände schwingen vor
	+		-		
	2		L$_X$	Schritt mit L hinter R gekreuzt	Hände zurück
	+		-		
3-4				T. 1 - 2 wiederholen ... und nach re wenden	
5	1	↩→	R	**4 kleine, flache** Schritte R beginnend vorwärts nach re ...	
	+		L	...	
	2		R	...	
	+		L	...	
6		↻		T. 5 wiederholen, dann zur Mitte wenden	
7	1	↑	R	4 Schritte wie T. 5 - 6 vorwärts zur Mitte ...	
	+		L	...	
	2		R	...	
	+		L	...	
8	1	⬒	R Pl	2 Schritte am Platz ...	
	+		L Pl	...	
	2		r St	stampfen mit R neben L	
	+		-	Pause	

Wiederbeginn mit 1. Figur usw. ●

RUSI KOSI

Name: „Blondes Haar“, nach dem Liedanfang „rusi kosi imam“ - „blondes Haar habe ich“

Herkunft: Pirin

Stil: typischer *Danec* mit dem charakteristischen ungleichen Schritt und den Armbewegungen (s.u.); beides erzeugt eine leichte Wellenbewegung; lebendig, aber zurückhaltend

Form: Frauen in einer Reihe, W-Fassung

Rhythmus: 2/4

Quelle: Jaap LEEGWATER 1982

Tanzbeschreibung: Herwig MILDE

Takt	*Schlag*	*Richtung*	*Schritt*	*Beschreibung*
				Vorspiel: 9 Takte
				1. Figur (instrumental) - 9 Takte
1	1	↪	R	**Danec-Schritt**: Schritt mit R vorwärts, Ferse setzt auf, **Knie gestreckt**, Unterarme und Hände etwas heben
	+		L	etwas kleinerer Schritt mit L vorwärts, **Knie leicht gebeugt**, die Hände werden ein wenig gesenkt
	2		R	Weiter wie 1 + ...
	+		L	...
2-9				T. 1 noch 8x wiederholen, dann zur Mitte wenden, Hände lösen
				2. Figur: Gesang, seitlich n. re u. li - 8 Takte
1	1	↳	R	3 Schritte R beginnend seitlich nach re, Hände gelöst, in höherer Haltung, schwingen über den ganzen Takt nach re, Körper dreht etwas mit...
	+		L	...
	2		R	...
	+		B	L dicht neben R aufsetzen, beide Knie leicht beugen
2	1	↲	L	T. 1 gegengleich wiederholen (Ame und Körper nach li) ...
	+		R	...
	2		L	...
	+		B	...
3	1	↳	R	T. 1 wiederholen ...
	+		L	...
	2		R	...
	+		B	...
4	1	□	B str	auf beiden Füßen stehend Knie strecken
	+		plié	Knie beugen und klatschen
	2		str	Knie strecken
	+		plié	Knie beugen und klatschen
5-8				T. 1 - 4 gegengleich wiederholen, dann Hände fassen in W-Haltung

Takt | *Schlag* | *Richtung* | *Schritt* | *Beschreibung*

3. Figur: Gesang, zur Mitte u. zur. - 9 Takte

Takt	Schlag	Richtung	Schritt	Beschreibung
1	1	↑	R	7 Schritte R beginnend (Danec-Schritt) vorwärts zur Mitte, Armbewegungen wie 1. Fig. ...
	+		L	...
	2		R	...
	+		L	...
2	1		R	...
	+		L	...
	2		R	...
	+		L ran	Schritt mit L neben R
3-4		↕		T. 9 - 10 rückwärts wiederholen
5-8		↑↕		T. 9 - 12 wiederholen
9	1	↻	R	Hände gelöst, bleiben erhoben, mit 4 Danec-Schritten R beginnend eine ganze Drehung re am Platz ...
	+		L	...
	2		R	...
	+		L	...

2. und 3. Figur wiederholen

1., 2. und 3. Figur wiederholen
2. und 3. Figur wiederholen

Takt	Schlag	Richtung	Schritt	Beschreibung
1-8				**Schluß**:
				3. Figur Takte 1 - 8 und
9	1	↻	R	(verlangsamt) mit 3 Schritten eine ganze Drehung re am Platz ...
	+		L	...
	2		R	...
	+		-	●

SVATBARSKA RĂČENICA

Name:	„Hochzeits-Răčenica" oder **Trakijska Răčenica** (R. aus Thrakien)[1]
Herkunft:	Bulgarien, Region Thrakien
Stil:	Alle Bewegungen mit leicht gebeugten Knien, federnd, Männer frei improvisierend mit lustigen bis grotesken Bewegungen, Frauen zurückhaltender.
Form:	Männer und Frauen jeden Alters, allein, zu zweit, zu dritt, in Gruppen oder – bei größeren Festen (Hochzeiten: „Svatbarska Râčenica") – im Kreis in W-Fassung

Rhythmus: 7/16: ♪ ♪ ♪.

Wert:	2	2	3
Zählung:	1	2	**3**

Quelle: Belčo STANEV, Stefan VÂGLAROV u.a. 1978 u. 1983

Tanzbeschreibung: Herwig Milde

Takt	Schlag	Richtung	Schritt	Beschreibung
1	1	↪	R	Schritt mit R vorwärts nach re
	2		-	
	3		w	nachfedern
2	1		L	Schritt mit L vorwärts
	2		-	
	3		w	nachfedern
3	1		R	Râčenična R: 3 kleine Schritte R beginnend ...
	2		L	...
	3		R	...
4	1		L	Râčenična L ...
	2		R	...
	3		L	...
5	1	↳	R	zur Mitte wenden und Schritt mit R seitlich nach re
	2		-	
	3		Lx	Schritt mit L hinter R gekreuzt
6	1	↑	R	Schritt mit R zur Mitte, Hände abwärts und nach hinten
	2		-	schwingen
	3		w	nachfedern, Hände vor und hoch zur W-Fassung
7	1		L	Schritt mit L vorwärts
	2		-	
	3		w	nachfedern
8	1	↕	R	Schritt mit R rückwärts
	2		-	
	3		w	nachfedern
9	1	↤	R h	hüpfen auf R
	2		L	Schritt mit L seitlich nach li
	3		R	Schritt mit R neben L
10	1		R h	wie T. 9 ...
	2		L	...
	3		R	...
11	1		L	Schritt mit L seitlich nach li
	2		-	
	3		Rx	Schritt mit R hinter L gekreuzt
12	1		L	Schritt mit L neben R
	2		-	
	3		w	nachfedern ●

---

[1] *Răčenica* ist der bulgarische Tanztyp mit dem 7/16-Rhythmus 2-2-3.

TRÄGNALA RUMJANA

Name:	„Rumjana ging" (kaltes Wasser holen; Liedanfang)
Herkunft:	Pirin, SW-Bulgarien
Stil:	ruhig, weich, federnd
Form:	gemischte Reihe, W-Fassung [1]
Rhythmus:	7/8: ♩. ♩ ♩
Quelle:	Stefan KOTANSKY u.a. 1980
Tanzbeschreibung:	Herwig MILDE

Wert:	3	2	2
Zählung:	**1**	2	3

Takt	Schlag	Richtung	Schritt	Beschreibung
1	**1**	↔	R	nach re gewandt Schritt mit R nach re
	2		w	nachfedern
	3		L	Schritt mit L nach re
2	**1**		R	T. 1 wiederholen ...
	2		w	...
	3		L	...
3	**1**	↻	R	Schritt mit R nach re und zur Mitte wenden
	2		w	2x nachfedern; der freie Fuß *hängt entspannt herab (keine Bewegung!)*, die Fußspitze *kann* den Boden leicht berühren ...
	3		w	...
4	**1**	⊡	L Pl	Schritt mit L am Platz
	2		w	2x nachfedern wie T. 3 ...
	3		w	... ●

LESNOTO

Takt	Schlag	Richtung	Schritt	Beschreibung
1	**1**	↔	R	nach re gewandt Schritt mit R nach re
	2		w	nachfedern
	3		L	Schritt mit L nach re
2	**1**	↻	R	Schritt mit R nach re und zur Mitte wenden
	2		w	2x nachfedern; der freie Fuß *hängt entspannt herab (keine Bewegung!)*, die Fußspitze *kann* den Boden leicht berühren ...
	3		w	...
3	**1**	⊡	L Pl	Schritt mit L am Platz
	2		w	2x nachfedern wie T. 3 ...
	3		w	... ●

---

[1] *Trägnala Rumjana* ist eine 4-taktige Sonderform des *Lesnoto*, s. diese Seite.

TUDORO, TUDORO

Name:	„Tudora, Tudora" (Mädchenname, Beginn eines Tanzliedes)
Herkunft:	Gebiet Strandža in Ostthrakien zur Schwarzmeerküste hin
Stil:	Die Schritte sind typisch für die unmittelbar benachbarte Region Erkeč - ein Beispiel für grenzüberschreitende Einflüsse in der Folklore. Tudoro, Tudoro besteht aus 2 Figuren in Abstimmung mit den musikalischen Phrasen, der Stil ist langsam und gleichmäßig, weich im Knie getanzt. Rhythmische Armbewegungen sind charakteristisch für diesen Tanz.
Form:	offener Kreis, W-Fassung
Rhythmus:	5/16: ♩ ♩ ♩ ♩.
Quelle:	Belčo Stanev 2001
Tanzbeschreibung:	Herwig MILDE

Wert:	2	2	2	3
Zählung:	1	2	3	**4**

Takt	Schlag	Richtung	Schritt	Beschreibung	Handbewegungen
				1. Figur (Lied) - 4 Takte	
1	1	↪	R	Schritt mit R vorwärts in Tanzrichtung	
	2		-	Pause	
	3		L	2 Schritte vorwärts ...	
	4		R	...	
2	1		L	wie T. 1 ...	
	2		-	...	
	3		R	...	
	4	↻	L	... und zur Mitte wenden	
3	1	↪	R	Schritt mit R seitlich nach re	Hände vor, abwärts und nach hinten
	2		-	Pause	
	3		Lx	Schritt mit L hinter R gekreuzt	
	4		R Pl	Schritt mit R am Platz	Hände vorwärts schwingen
4	1	↩	L	wie T. 3 gegengleich ...	H. zurück
	2		-	...	
	3		Rx	...	
	4		L Pl	...	H. vor und hoch zur W-Fasung
				Die 1. Figur wird 3x ausgeführt (= 12 Takte).	
				2. Figur (Orchester) - 8 Takte	
1	1	↖	R	Schritt mit R diagonal nach li	Hände waagrecht n. vorn halten
	2		-	Pause	
	3		L	Schritt mit L diagonal nach li	
	4	↑	R	Schritt mit R zur Mitte	
2	1	↗	L	Schritt mit L diagonal nach re vorn	
	2		-	Pause	
	3		R	Schritt mit R diagonal nach re	
	4		L	Schritt mit L diagonal nach re	

Takt	Schlag	Richtung	Schritt	Beschreibung	Handbewegungen
3	1	↕	R	Schritt mit R rückwärts n. außen	Hände abwärts und nach hinten
	2		-	Pause	
	3		L	noch 2 Schritte nach außen ...	
	4		R	...	Hände nach vorn schwingen
4	1	↩	L	Schritt mit L seitlich nach li	rück
	2		-	Pause	
	3		R$_X$	Schritt mit R hinter L gekreuzt	
	4		L	Schritt mit L seitlich nach li	vor
5	1	↪	R	nach li wenden und rückwärts Schritt mit R	rück
	2		-	Pause	
	3		L	noch 2 Schritte ...	
	4		R	...	vor
6	1		L	Schritt mit L rückwärts	rück
	2		-	Pause	
	3	↻↪	R	zur Mitte wenden und Schritt mit R seitlich nach re	
	4		L^X	Schritt mit L vor R gekreuzt	vor
7	1		r tip ↑	mit der R-Fußspitze vorn den Boden berühren	rück
	2		-	Pause	
	3	⃞	R Pl	Schritt mit R am Platz	
	4		L Pl	Schritt mit L am Platz	vor
8	1		r tip ↑	T. 7 wiederholen ...	rück
	2		-	...	
	3		R Pl	...	
	4		L Pl	...	vor ●